"中国制造2025"
班组长培训标准教程

班组长 人员管理 培训教程

杨剑　黄英　编著

化学工业出版社
·北京·

班组长作为连接中层管理与基层员工的桥梁，在企业组织中具有举足轻重的作用。《班组长人员管理培训教程》将详细介绍组长如何通过管好人，进而管好事和管好物。本书主要介绍了班组长如何了解员工状况，确定管理模式；如何树立个人权威，凝聚团队人心；通过了解员工行为模式，正确应对各类员工；学会有效沟通，建立良好的人际关系；如何激励员工，保持班组士气；管好新进员工，稳定员工队伍；如何合理分派任务，提高团队效率；加强员工培训，提高工作绩效；怎样客观公正考评，做到奖惩有度；以及如何对员工进行安全教育。

　　本书适用于企业内部培训或培训公司对企业进行培训，也可供企业员工和管理人员自学参考。

图书在版编目（CIP）数据

班组长人员管理培训教程/杨剑，黄英编著. —北京：化学工业出版社，2016.11（2024.11重印）
"中国制造2025"班组长培训标准教程
ISBN 978-7-122-28105-0

Ⅰ.①班… Ⅱ.①杨…②黄… Ⅲ.①班组管理-中国-技术培训-教材 Ⅳ.①F425.6

中国版本图书馆CIP数据核字（2016）第227959号

责任编辑：王听讲　　　　　　　　　装帧设计：王晓宇
责任校对：吴　静

出版发行：化学工业出版社(北京市东城区青年湖南街13号 邮政编码100011)
印　　装：北京科印技术咨询服务有限公司数码印刷分部
710mm×1000mm　1/16　印张11¾　字数212千字　2024年11月北京第1版第9次印刷

购书咨询：010-64518888　　　　　　售后服务：010-64518899
网　　址：http://www.cip.com.cn

凡购买本书，如有缺损质量问题，本社销售中心负责调换。

定　　价：38.00元　　　　　　　　　　　　　　　版权所有　违者必究

序
PREFACE

目前世界经济竞争有两条路径：一是信息化，另一是工业升级。而工业升级就是"工业4.0革命"。新一轮国际博弈将围绕"工业4.0革命"来进行，"工业4.0革命"是当今大国崛起的必由之路，世界经济和政治版图将因此发生深刻变革！

"工业4.0革命"将成为今后各主要大国竞争的试金石，谁能抢得先机，提前完成"工业4.0革命"，谁就能继续辉煌；反之，如果无法完成"工业4.0革命"，哪怕当下是强国、大国，也会就此走向平庸，乃至没落。

中国对接"工业4.0革命"的具体措施，就是"中国制造2025"，"中国制造2025"是中国政府实施制造强国战略第一个十年的行动纲领。2016年4月6日，国务院总理李克强主持召开国务院常务会议，通过了《装备制造业标准化和质量提升规划》，要求对接"中国制造2025"。

"中国制造2025"提出，坚持"创新驱动、质量为先、绿色发展、结构优化、人才为本"的基本方针，坚持"市场主导、政府引导、立足当前、着眼长远、整体推进、重点突破、自主发展、开放合作"的基本原则，通过"三步走"实现制造强国的战略目标：第一步，到2025年迈入制造强国行列；第二步，到2035年中国制造业整体达到世界制造强国阵营中等水平；第三步，到新中国成立一百年时，综合实力进入世界制造强国前列。

"中国制造2025"战略落地的关键在人，尤其是处于末端管理的班组长的管理水平，直接决定了中国制造的水准。这套"'中国制造2025'班组长培训标准教程"，就是专门为生产制造企业实现管理转型和提升管理水平而撰写的系列书。该系列书包括《班组长基础管理培训教程》《班组长现场管理培训教程》《班组长人员管理培训教程》《班组长质量管理培训教程》《班组长安全管理培训教程》，对班组长的综合管理、现场管理、人员管理、质量管理、安全管理的基本方法和技巧进行了全面而又细致的介绍。

这是一套汇集了当前中国企业管理最先进的管理理论和方法，并且简明易懂、实操性很强的优秀之作，是企业职工培训的必选教材，也是企业管理咨询和培训的参考读物。我们相信，"'中国制造2025'班组长培训标准教程"的出版，对提升我国企业的管理水平会有积极的推动作用。

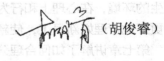

（胡俊睿）

（中国航天科工集团）

前言
FOREWORD

彼德·杜拉克说过:"管理的第一要素是人"。在人、财、物等生产要素中,人是最重要的因素。在任何类型的企业中,基层员工都是数量最大的,特别是制造业和服务业,一线员工占到80%以上。对这部分员工管理的好坏,直接关系到企业的发展状况和竞争力的高低,将影响产品(服务)质量、成本、交货期、安全生产和员工士气,甚至关乎企业的经营成败。

班组长作为连接中层管理与基层员工的桥梁,在企业组织中具有举足轻重的作用。《班组长人员管理培训教程》将培训班组长如何通过管好人,进而管好事和管好物。

本书第一章首先介绍了如何了解员工状况,确定管理模式。管人的要义在于识心,所以,了解员工心理就是卓越班组长的必修课。当然仅仅知彼还是不够的,还必须知己,这样才能做到管理主体与管理对象的有机统一。

第二章的主要内容是如何树立个人权威,凝聚团队人心。班组长要有效地领导下属,得到下属的支持和尊重,就必须树立自己的权威形象,从而产生"无言的召唤,无声的命令"。作为班组长要理解下属,发扬下属的长处,避开他的短处。要学会应对不同类型的员工和正确处理员工之间的冲突,从而建立起一个优秀的团队,高效完成各项工作任务。

第三章主要介绍了通过了解员工行为模式,正确应对各类员工。管人就要了解员工的行为模式,最终运用于正确应对各类员工。本章介绍了如何正确应对4种不同秉性的员工和8种不同类型员工的实用性方法。

第四章将培训班组长学会有效沟通,建立良好的人际关系。善于沟通是班组长博得众人尊重的一个重要特质。要成为真正受人尊重的班组长,就要多花些时间、精力,学习和增强与人沟通的技巧。

第五章介绍了如何激励员工,保持班组士气。激励的作用是巨大的,适时的激励,可以使下属同心同德、众志成城,提高工作效率。对于班组长来说,学会在资源有限的前提下,通过对班组成员实施恰当的激励,有效提升班组士气,是一项必不可少的管理能力。

第六章的主要内容是管好新进员工,稳定员工队伍。新员工因为刚刚进入一个陌生的环境,在心理上和行为上都会存在一些问题,班组长要注意到这些问题,才能更好地管理好新员工,使新员工尽快进入角色,从而稳定班组团队。

第七章讲解了如何合理分派任务,提高团队效率。不合理派工会产生很多影响,如优秀员工不胜其累,一般员工失去发展机会,员工之间容易出现矛盾。想要解决这些问题就必须合理安排任务。

第八章的培训内容是加强员工培训，提高工作绩效。要提高员工的知识、技能、态度和经验，唯一的捷径是培训。

第九章主要介绍了怎样客观公正考评，做到奖惩有度。考评既是一种监督手段，也是一种激励手段，科学考评员工绩效，也是班组长的重要工作之一。

第十章是员工的安全教育。安全问题事关员工生命和健康，其他工作做得再好，如果安全方面出了重大问题，将会前功尽弃。

本书是以美的集团股份有限公司、深圳长城开发科技股份有限公司、深圳亿利达商业设备有限公司和某大型军工企业等单位的管理流程和方案为蓝本编撰而成，具有很强的实用性。在本书编写过程中，我们还深入深圳富代瑞科技公司、深圳双通电子厂等中小企业进行了实地考察和讨论，对于他们的大力支持，表示衷心感谢！

本书主要由杨剑和黄英编著，在编写过程中，刘志坚、王波、赵晓东、许艳红、蒋春艳、水藏玺、胡俊睿、吴平新、邱昌辉、贺小电、张艳旗、金晓岚、戴美亚等同志也参与了部分工作，在此表示衷心的感谢！

相信本书对战斗在企业一线的广大班组长或希望成为班组长的骨干员工，都是一本很实用的读物。如果您在阅读中有什么问题或心得体会，欢迎与我们联系。我们的联系邮箱是：hhhyyy2004888@163.com。

杨 剑

2016 年 10 月

目录
CONTENTS

第一章 了解员工状况，确定管理模式 ………………………………… 1

第一节 知彼：了解班组成员 …………………………………………… 1
一、员工有哪些基本需求 ………………………………………………… 1
二、分析型员工的特征及需求 …………………………………………… 2
三、结果型员工的特征及需求 …………………………………………… 3
四、表现型员工的特征及需求 …………………………………………… 3
五、顺从型员工的特征及需求 …………………………………………… 4
六、怎样了解员工的需求 ………………………………………………… 4
七、掌握自己班组的群体结构 …………………………………………… 6

第二节 知己：了解自己的管理风格 …………………………………… 7
一、强制型班组长 ………………………………………………………… 7
二、权威型班组长 ………………………………………………………… 8
三、教练型班组长 ………………………………………………………… 8
四、亲和型班组长 ………………………………………………………… 9
五、指标型班组长 ………………………………………………………… 9
六、民主型班组长 ………………………………………………………… 10
七、做好员工管理的6个前提 …………………………………………… 10

第二章 树立个人权威，凝聚团队人心 ………………………………… 12

第一节 顺利开展工作，必须树立权威 ………………………………… 12
一、什么是班组长的权威 ………………………………………………… 12
二、班组长权威的来源 …………………………………………………… 13
三、卓越班组长的素质要求 ……………………………………………… 14
四、怎样在班组中迅速树立权威 ………………………………………… 16

第二节 凝聚团队人心 …………………………………………………… 18
一、消除员工工作上的恐惧心理 ………………………………………… 18
二、正确处理员工对自己的抱怨 ………………………………………… 19
三、正确处理员工对其他人的抱怨 ……………………………………… 20
四、处理好自己与员工的冲突 …………………………………………… 21

五、妥善处理员工之间的冲突 ……………………………………………… 24
　　六、提高员工对团队的归属感 ……………………………………………… 27

第三章　了解员工行为模式，正确应对各类员工 …………………………… 30

　第一节　正确应对不同秉性的员工 ……………………………………………… 30
　　一、如何与分析型员工相处 ………………………………………………… 30
　　二、如何与结果型员工相处 ………………………………………………… 30
　　三、如何与表现型员工相处 ………………………………………………… 31
　　四、如何与顺从型相处 ……………………………………………………… 31
　第二节　如何应对不同类型的员工 ……………………………………………… 31
　　一、如何应对班组中的"刺头"型员工 …………………………………… 31
　　二、如何应对喜欢"顶牛"的员工 ………………………………………… 33
　　三、如何应对喜欢刁难你的员工 …………………………………………… 34
　　四、如何应对"吊儿郎当"的员工 ………………………………………… 35
　　五、如何应对自以为是的员工 ……………………………………………… 36
　　六、如何应对工作情绪不稳定的员工 ……………………………………… 39
　　七、如何应对爱打"小报告"的员工 ……………………………………… 39
　　八、如何应对勤奋而低效率的员工 ………………………………………… 40

第四章　学会有效沟通，建立良好关系 …………………………………………… 42

　第一节　怎么进行沟通协调 ……………………………………………………… 42
　　一、与下属沟通的3大基本原则 …………………………………………… 42
　　二、班组长上下沟通的要点 ………………………………………………… 43
　　三、班组长与员工沟通的技巧 ……………………………………………… 43
　第二节　如何正确上传下达 ……………………………………………………… 46
　　一、如何准确发出专业指示 ………………………………………………… 46
　　二、如何准确地上传下达 …………………………………………………… 48
　　三、如何做到上令下行 ……………………………………………………… 49
　第三节　如何建立良好的人际关系 ……………………………………………… 50
　　一、如何创造良好的人际氛围 ……………………………………………… 50
　　二、如何建立信任型人际关系 ……………………………………………… 51
　　三、建立班组良好氛围的8大技巧 ………………………………………… 52
　　四、如何进行跨部门沟通协调 ……………………………………………… 54

第五章　学会激励员工，保持班组士气 ……… 57

第一节　员工激励基础知识 ……… 57
一、员工值得奖励的 10 种行为 ……… 57
二、进行员工激励的 10 项原则 ……… 57
三、激励员工的 5 个注意事项 ……… 59
四、激励员工士气的 4 种方法 ……… 60
五、激励员工士气的 8 大法则 ……… 61

第二节　员工激励实用性技巧 ……… 61
一、如何激发员工的工作意愿 ……… 61
二、如何转变员工的消极态度 ……… 62
三、如何对员工进行精神激励 ……… 64
四、如何正确使用表扬激励 ……… 65
五、如何正确使用批评激励 ……… 66
六、如何在班组导入良性竞争 ……… 67

第六章　管好新进员工，稳定员工队伍 ……… 69

第一节　新员工管理存在的问题 ……… 69
一、新进员工面临的心理问题 ……… 69
二、新进员工面临的行为问题 ……… 70
三、新进人员面临的职场问题 ……… 71
四、班组新员工管理的误区 ……… 71
五、新员工的流失及其防范 ……… 72

第二节　新员工管理实务技巧 ……… 75
一、如何正确开展对新员工的引导 ……… 75
二、如何开展新员工入职培训 ……… 77
三、开展新员工培训的具体步骤 ……… 80
四、新员工培训重点：安全生产 ……… 81

第七章　合理分派任务，提高团队效率 ……… 84

第一节　岗位定员与合理任用 ……… 84
一、班组长如何进行劳动定员 ……… 84
二、班组长如何任用班组员工 ……… 85

第二节　如何进行生产派工 ……… 86

一、生产派工包括哪些内容 86
二、生产派工有哪些方式 87
三、如何进行生产派工 88
第三节 如何安排员工轮班 90
一、如何安排工作班制 90
二、如何安排倒班和轮休 91
三、如何安排工作轮班 91
四、如何安排缺席顶位 94
第四节 如何用好技术工 96
一、如何管理班组多能工 96
二、如何用好技术员工 97
第五节 如何用好临时工 98
一、临时工的特点 98
二、临时工的管理内容 98
三、班组长如何管理临时工 98

第八章 加强员工培训，提高工作绩效 100

第一节 班组员工培训基础知识 100
一、班组员工培训工作步骤 100
二、班组培训工作实施要点 101
第二节 员工培训实务技巧 105
一、如何进行岗位操作知识的培训 105
二、如何开展现场OJT 107
三、如何培养多能工 111
四、如何进行岗位轮换 112

第九章 客观公正考评，做到奖惩有度 114

第一节 什么是班组绩效管理 114
一、班组绩效管理的内容 114
二、班组绩效管理的流程 116
三、班组绩效管理的要点 119
第二节 如何对员工进行考评 121
一、班组员工考评的主体 121
二、班组员工考评方法 122

三、如何实施公正的员工评价 126
　　四、班组员工评价具体实施办法 129
　　五、如何对班组成员进行考勤 132
　第三节　如何对员工进行奖惩 133
　　一、员工优秀表现的强化手段 133
　　二、如何建立并保持良好的纪律 135
　　三、如何对员工进行恰当的奖惩 138

第十章　紧抓安全之弦，保证安全作业 141

　第一节　班组安全管理的职责 141
　　一、班组长有哪些安全职责 141
　　二、班组成员有哪些安全职责 143
　　三、安全员有哪些安全职责 144
　第二节　树立正确的安全理念 145
　　一、建立"四不伤害"理念 145
　　二、安全为主，预防为先 148
　　三、如何实现零伤害、零职业病和零事故 151
　　四、如何实现"要安全"到"会安全"的转变 156
　第三节　如何进行安全教育 159
　　一、什么是新员工的三级安全教育 159
　　二、班组安全培训有哪些具体内容 161
　　三、如何进行生产用电安全培训 162
　　四、如何进行消防安全教育培训 163
　　五、如何进行工伤急救培训 167
　第四节　如何进行安全生产管理 168
　　一、什么是不安全状态及不安全行为 168
　　二、现场文明生产的基本要求是什么 171
　　三、如何进行安全规范管理 172
　　四、如何消除与改善安全隐患 175
　　五、如何进行安全作业改善 176

参考文献 178

第一章
了解员工状况，确定管理模式

> 俗话说："士为知己者死"。作为一名卓越的班组长，必须对自己的员工"无所不知"，才能入微观察到自己员工的言行举止，才能管理好员工，才能有效激发他们的工作热情。
>
> 除了了解员工，班组长还要了解自己。每个人都有自己的特性与特点，如敏感、速度、果断、柔和等。作为一名卓越班组长，要管好员工，就要知己知彼。如此才能发挥自己和员工两方面的作用。

第一节　知彼：了解班组成员

一、员工有哪些基本需求

人的需求多种多样，每个人都有其不同的需求，但总的来说可以归纳为生理需求、安全需求、社交需求、尊重需求和自我实现需求5类，依次由较低层次到较高层次。这就是著名的马斯洛需求层次。

1. 生理需求

生理需求是人类最原始，最基本的需求，是指衣食住行等最重要的需要，必须首先得到满足。人们在转向较高层次的需求之前，总是尽力满足这类需求。

2. 安全需求

安全需求是人类要求保障自身安全、摆脱事业和丧失财产威胁、避免职业病的侵袭、接触严酷的监督等方面的需求。安全需求包括对人身安全、生活稳定以及免遭痛苦、威胁或疾病等威胁的需求。和生理需求一样，在安全需求没有得到满足之前，人们最关心的就是这种需求。

3. 社交需求

社交需求包括对友谊、爱情以及归属感的需求。这一层次的需求包括两个方面的内容。一是友爱的需要，即人人都需要伙伴之间、同事之间的关系融洽或保持友谊和忠诚；人人都希望得到爱情，希望爱别人，也渴望接受别人的爱。二是归属的需要，即人都有一种归属于一个群体的感情，希望成为群体中的一员，并相互关系和照顾。感情上的需要比生理上的需要细致，它和一个人的生理特性、经历、教育、宗教信仰都有关系。

4. 尊重需求

尊重需求既包括对成就或自我价值的个人感觉，也包括他人对自己的认可与尊重。有尊重需求的人希望别人按照他们的实际能力来接受他们，并认为他们有能力，能胜任工作。

人都希望自己有稳定的社会地位，要求个人的能力和成就得到社会的承认。尊重需求又可分为内部尊重和外部尊重。内部尊重是指一个人希望在各种不同情境中有实力、能胜任、充满信心、能独立自主。总之，内部尊重就是人的自尊。外部尊重是指一个人希望有地位、有威信，受到别人的尊重、信赖和高度评价。尊重需求得到满足，能使人对自己充满信心，对社会满腔热情，体验到自己活着的用处和价值。

5. 自我实现需求

这是最高层次的需求，它是指实现个人理想、抱负，发挥个人的能力到最大程度，完成与自己的能力相称的一切事情的需要。也就是说，人必须干称职的工作，才会使他们感到最大的快乐。为满足自我实现需求所采取的途径是因人而异的。自我实现的需求是在努力实现自己的潜力，使自己越来越成为自己所期望的人物。

班组长只有充分了解了员工的基本需求，才能根据员工的需求进行科学的管理。

二、分析型员工的特征及需求

分析型的员工喜欢思考存在什么问题的员工类型。

1. 分析型员工的特征

分析型指果断性和情感性都弱于半数人的行为风格。主要有以下特征。
① 天生喜欢分析，情感深刻而沉稳，办事仔细而认真。
② 不流露自己的情感，面部表情少，说话时手势少，走路速度慢。
③ 观察力敏锐，会问许多具体细节方面的问题，考虑周密，办事有序。
④ 沉沦于个人的经验，一般情况下喜欢少言寡语或者保持沉默。
⑤ 事事喜欢准确完美，喜欢条理框框。
⑥ 对日常琐事不感兴趣，但衣着讲究，正规。
⑦ 对于决策非常谨慎，过分地依赖材料、数据，工作起来很慢。

⑧ 在提出决策和要求时，或阐述一种观点时，喜欢兜圈子。

2. 分析型员工的主要需求

① 安全感，万无一失。
② 对自己和别人都要求严格，甚至苛刻。
③ 喜欢较大的个人空间，害怕被人亲近。

三、结果型员工的特征及需求

结果型的员工就是处理问题当机立断的员工类型。

1. 结果型员工的特征

结果型指果断性强于半数人，情感性则弱于半数人的行为风格。其主要特征如下。

① 有明确的目标和追求，精力充沛，身体语言丰富，动作迅速而有力，通常走路速度和说话速度都比较快。
② 喜欢发号施令，当机立断，不能容忍错误，不在意别人的情绪，别人的建议，也不表露自己的情绪。
③ 最讲究实际，是决策者，冒险家，喜欢控制局面，是个有目的的听众。
④ 冷静独立而任性，自我为中心，是个优秀的时间管理者。
⑤ 也关心别人，但他们的感情通过行动而不是语言表达出来。

2. 结果型员工的需求

这种风格员工的需求如下。

① 直接的、准确的回答。
② 有事实、有依据的，大量的新想法。
③ 高效率、明显的结果。

四、表现型员工的特征及需求

表现型的员工就是喜欢高谈阔论的员工类型。

1. 表现型员工的特征

表现型指果断性与情感性均强于半数人的行为风格。其特征如下。

① 乐于表达感情，表情丰富而夸张，动作迅速，声音洪亮，话多，灵活，亲切。
② 精神抖擞，充满激情，有创造力，理想化，重感情，乐观。
③ 凡事喜欢参与，愿意与人打交道，喜欢集体行动，害怕孤独。

④ 追求乐趣，敢于冒险，喜欢幻想，衣着随意，乐于让别人开心。
⑤ 缺乏细节观察能力，只见森林，不见树木。
⑥ 通常没有条理，愿意发表长篇大论，作息时间缺乏规律，轻浮，多变，精力容易分散。

2. 表现型员工的主要需求

① 公众的认可和鼓励，热闹的环境。
② 民主的关系，友好的气氛。
③ 表达自己的自由。
④ 有人帮助实现创意。

五、顺从型员工的特征及需求

顺从型的员工喜欢考虑如何达到目标的员工类型。

1. 顺从型员工的特征

顺从型指果断性弱于半数人，情感性则强于半数人的行为风格。其主要特征如下。
① 善于保持人际关系，忠诚，关心别人，喜欢与人打交道，待人热心。
② 有耐心，说话和走路速度较慢，较强的自制力，能够帮激动的人冷静下来。
③ 体态语言少，面部表情自然而不夸张。
④ 不喜欢采取主动，害怕冒险，只要合情合理，都愿意接受。
⑤ 非常出色的听众，迟缓的决策人，对别人的意见持欢迎态度，并善于将不同观点汇总后被各方面的人接受。
⑥ 重视人际关系，富于同情心，并愿意为之付出代价，由于害怕得罪人，而不愿意发表自己的意见。
⑦ 衣着随意，喜欢唠家常及谈论闲闻轶事，利用时间不科学。

2. 顺从型员工的主要需求

① 安全感及友好的关系。
② 真诚的赞赏及肯定。
③ 传统的方式，规定好的程序。

六、怎样了解员工的需求

员工的需求是多元而且是永恒的。当现有的需求得到满足后，另一些新的需求就会产生，而且多种潜在的需求会逐步转化为现实的需求。要充分了解和把握员工的需求，在思想上要引起高度重视。那么，班组长该如何来对待员工的需求呢？

1. 换位思考

站在员工的角度来体验员工，考虑他们的需求，了解他们所处的环境和他们的真实感受。

2. 运用内部营销的方法和技术

把员工当作企业的内部客户，运用营销调研技术，如一对一访谈、问卷调查、圆桌会议、实地观察等技术去了解员工的动机、情绪、信仰、价值观、潜在的恐惧和反抗等，以此准确了解和把握员工的情感、需求和欲望。

3. 加强交流与沟通

建立内部正式的和非正式的互动式的沟通和反馈渠道，通过情感的沟通，了解不同员工的不同需求，也了解不同时期的需求重点。

4. 通过员工周围人了解

通过对员工的家庭与亲戚朋友、离职员工的调查和访谈，来间接了解员工的真实情况。

全球著名的管理咨询顾问企业盖洛普企业通过调查后，得出了现代员工的 12 种需求。

① 在工作中我知道企业对我有什么期望；
② 我有把工作做好所必需的器具和设备；
③ 在工作中我有机会做我最擅长做的事；
④ 在过去一周，我出色的工作表现得到了承认和表扬；
⑤ 在工作中我的上级把我当一个有用的人来关心；
⑥ 在工作中有人常常鼓励我向前发展；
⑦ 在工作中我的意见一定有人听取；
⑧ 企业的使命或目标使我感到工作的重要性；
⑨ 我的同事们也在致力于做好本职工作；
⑩ 我在工作中经常会有一个最好的搭档；
⑪ 在过去的 6 个月里，有人跟我谈过我的进步；
⑫ 在过去一年，我在工作中有机会学习和成长。

七、掌握自己班组的群体结构

班组群体的形式主要是指班组的年龄结构、知识结构、智能结构、专业结构、素质结构，当然也包括性格结构、观念结构等。了解班组群体结构，对于班组长针对性的管理，具有重要意义。

1. 年龄结构

大至一个社会、一个单位，小至一个家庭，都是由老、中、青等不同年龄的人所组成的。在一个班组群体中也是如此。

不同年龄的人既有不同的智力，也有不同的智慧。有的任务需要老年人来承担，有的工作则需要中年人与青年人去完成。特别是对于正式群体，比如领导集团，应有一个完整的年龄结构，由经验丰富的老年、年富力强的中年、朝气蓬勃的青年，构成一个具有合理比例的综合体，并经常处于不断发展变化的动态平衡之中，才能按照人的心理特征与智力水平，发挥其各自的最大效能。

2. 知识结构

人们的知识总是有多有少、有深有浅、有高有低的。因此具有不同程度知识的人，在班组群体中就有一个如何最佳组合的问题。

一个群体不可能也不需要所有成员都具有同等的知识水平。倘若这样，只能构成知识的平面结构，而不能形成知识的立体结构。

一个企业必须由员工、技术员、工程师、经济师、会计师构成一定的知识结构。群体合理的知识结构，必须由初级、中级、高级知识水平的人，按一定的比例构成一个完整的结构，才能各尽所能，相互配合，从而构成一个动态的有机体。而班组则必须有各工种配套具有不同知识技能的操作员工。

3. 智能结构

智能是指人们运用知识的能力。人的智能是由多种因素构成的，主要包括自学能力、研究能力、思维能力；表达能力和组织能力。

就正式群体而言，班组在一个组织中所处的地位，所承担的职责，决定着它应具备相应的智能结构。例如，在企业一个生产班组中，要有技术、有威信、有组织能力的班组长，有善于做群众工作、关心员工的工会小组长，加上几位生产骨干，就一定能成为具有战斗力的群体。

4. 专业结构

专业结构是指群体内各类专长的人员的比例。在现代社会里，科学技术渗透到一切领域，劳动生产率要提高，科学技术进步是首要条件。

在现代化进程中,科学技术是关键。目前,学科门类已达 2000 种之多。一个群体合理的专业结构,对实现组织交给的任务是十分重要的。例如,一个汽车修理班组,就应该由发动机修理工、底盘修理工、直流电工、钣金工、油漆工和司机组成,才能圆满地完成汽车修理任务。

5. 素质结构

素质结构是指群体中每一个人的素质。它包括人的性格、毅力、兴趣、气质、风度等。如果一个群体中人与人性格不合、志趣不投、情操相悖、风格迥异,就会大大削弱群体的力量,甚至解体。

除了以上几种群体结构外,一个生产班组在考虑它的结构时,还应根据它所担负的任务来考虑人员组成的上限和下限。人员过多容易出现相互扯皮,工作效率低;人员过少又会影响效率和工作质量。

第二节　知己:了解自己的管理风格

统计数字表明,组织气氛对组织绩效的影响程度达 28%,而组织气氛 70%取决于管理者的管理风格。所以,作为班组长,清楚自己的管理风格是十分必要的。班组长主要有以下管理类型。

一、强制型班组长

(1)首要目标。强制型班组长的管理风格是要求员工立即服从。

(2)行为特点

① 不断地下命令告诉员工做什么,而不听取或允许员工发表意见;

② 一旦下达了命令,希望员工立即服从,并严格控制;

③ 当员工出现错误时,会指责员工,有时甚至用使人难堪的方法迫使其服从,而且通过强调不服从的不良后果从而施加压力。

(3)适用情形

① 应用于简单明确的任务;

② 危急情况下,员工需清晰指令,且上级比员工知道得多;

③ 如违背命令将导致严重后果,如强制性的安全条例,或当其他所有管理手段都失效而只有改进或开除两种选择的时候。

(4)不适用情形

① 当任务比较复杂,强制可能会带来反叛;

② 过长时间使用此法,员工得不到发展而趋于反抗、消极怠工或离职;

③ 对能够自我激励，有能力自我指导、监控自己的工作，希望自主或有个人专长的高素质员工最不适用。

二、权威型班组长

（1）首要目标。权威型班组长的管理风格是为员工提供长远目标和愿景。

（2）行为特点

① 承担发展和规划一个组织的目标和愿景的责任；

② 引导员工了解愿景及达到愿景的最佳途径，而不轻易动用权威；

③ 将向员工灌输目标和愿景视为工作的重要部分；

④ 基于组织和员工个人长远利益来解释愿景，从而说服员工；

⑤ 建立与愿景相关的绩效监控点，合理应用积极和消极的反馈来强化激励手段；

⑥ 将自己的期望、目标、压力、愿景告诉员工，员工按照上级的期望去具体描绘；

⑦ 全力支持、帮助员工达成目标。

（3）适用情形。当需要一个新的愿景或清晰的目标及标准时，如时代变迁；当他人认为管理者本人为"专家"或"权威"时；当新员工有赖于管理者成为主动指导者时。

（4）不适用情形。当管理者与员工互不信任或用于经验丰富的员工时，自我管理的工作团队及民主决策型团队。

三、教练型班组长

（1）首要目标。教练型班组长的管理风格是对员工有长期的职业发展培养。

（2）行为特点

① 根据员工个人期望，帮助他们确认自身的优势和劣势；

② 鼓励员工规划长期的发展目标，在发展过程中就管理者和员工的角色与员工达成共识；

③ 不断地提供指导，助其理解根本性的原理和规则，并给予有利于员工发展的反馈；

④ 为长远的发展建立阶段性的标准。

（3）适用情形。当员工承认其目前绩效水平与理想绩效水平存在差异时；当员工被激发去主动工作、创新，并寻求职业发展时。

（4）不适用情形。当管理者缺乏专业知识时；当员工需要很多指导和反馈时；当出现危急情况时。

四、亲和型班组长

（1）首要目标。亲和型班组长的管理风格是在员工之间及管理者与员工之间建立和谐的关系。

（2）行为特点

① 关注促进同事之间的友好关系；

② 更关注满足员工的情绪要求而不注重工作任务；

③ 注重和关心员工各方面的需求，并努力使员工"高兴"，如在生产安全、附加福利、平衡家庭与工作等方面；

④ 不放过正向反馈的机会，并避免与绩效有关的冲突；

⑤ 奖励员工时将个人特点与工作绩效同等对待。

（3）适用情形

① 当权威、民主、教练型并用时，特别是管理者的影响动机超过亲和动机时；

② 当员工绩效表现适度且进行例行工作时；

③ 当提供个人帮助时，例如咨询；

④ 当由不同类型的、有冲突的人组成团队时。

（4）不适用情形

① 当员工绩效不佳、需要指导性反馈来纠正时；

② 当处于危急或复杂情况、需要清晰的方向和控制时；

③ 当员工是任务导向且对与管理者建立友谊不感兴趣时。

应该看到，亲和型管理者首先关注的是员工的心情是否愉快，而不是目标，在压力很大时往往采取民主办法。

五、指标型班组长

（1）首要目标。指标型班组长的管理风格是追求高绩效、高标准。

（2）行为特点

① 树立榜样，期望他人能了解树立榜样的原则；

② 担心委派任务后，别人不能以高标准来完成；

③ 一旦发现高绩效不能实现时不再让他人干，转而自己做；

④ 不同情绩效表现差的员工，当员工有困难寻求帮助时，对其迅速地给予援助或给予详细的任务指导，却无视员工的进步；

⑤ 只有在影响紧急任务时，才与他人协调。

（3）适用情形

① 当员工被很好激励、有能力并了解自己的工作而不需要指导和协调时；

② 当要求尽快出成果时；
③ 当培养与管理者相似的员工时。
（4）不适用情形。当管理者不能事必躬亲时；当员工需要发展和培养时。

六、民主型班组长

（1）首要目标。民主型班组长的管理风格是在员工之间相互默契并产生新的思想。

（2）行为特点
① 确信员工有能力为自己和组织找到合适的发展方向；
② 让员工参与对其工作有影响的决定；
③ 一致通过决定；
④ 经常召开会议听取员工的意见；
⑤ 对积极的绩效进行奖励，很少给予员工消极反馈或惩罚。

（3）适用情形
① 当员工有一定的能力，至少与管理者有一样多的信息和知识时；
② 当员工必须进行合作时；
③ 当班组长自己也不清楚最佳途径或方向，而其员工能力较强，并且员工的想法可能更优于管理者时；
④ 当使用权威风格已经产生一致的愿景后，如果员工是有较强能力且掌握了关键信息，民主型的管理将有助于选择合适的方法达成目标。

（4）不适用情形
① 危急关头，没有时间开会；
② 员工能力不强，缺少相关信息，需要严格监控。

班组长适用于什么样的管理方式，全看自己是什么类型的管理者。如果班组长的能力足够强，水平足够高，完全可以根据情况需要，采取灵活的管理风格。

七、做好员工管理的6个前提

任何企业中，人都是最重要的因素，是第一位的。每个人都有自己的特性与特点，如敏感、速度、果断、柔和等。用好了，成为优点；反之，则成为弱点甚至是致命的缺点。

作为一名班组长，首先要用好人，管理好自己的员工，就必须了解人员管理的原则。了解这些原则对班组长在人员管理工作中会起到非常好的作用。

1. 承认个人在能力和兴趣上的差别

人们一般会按照他所受到的礼遇行事，也即"种瓜得瓜，种豆得豆"，只要对一个人的能力表示有信心，就可以在实际工作中增强他的能力。

2. 知晓人的行为都是有目的性的

人人都有着同样的基本需求，但会以不同的方式表达，而且人们赋予这些需求的重要性也不相同。所有人的行为都是有目的性的。

3. 同等地尊重每个员工

人都是生而平等的。不论一个人的地位有多低或多高，都应该得到同等的尊重。受到尊重的员工会更加努力去工作，以回报知遇之恩；而如果对员工心存轻视，视员工为工作的机器，员工必定会与你对立。

4. 以正面态度对待每个员工

生活中每一个人都有自己的使命，以此形成一种对于人本身的态度，这种态度应该是积极的、令人满意的。首先，必须尊重每一个员工。其次，公平公正对待每一位员工。

5. 带人先带心

你喜欢被管吗？你喜欢被命令吗？你喜欢集权式的管理吗？既然自己不喜欢，为什么要强迫别人接受？因此，班组长人员管理的基础之一就是"带人先带心"。

班组长多数由上级提拔任命，原来的伙伴现在成了你的手下，可能会引起他们的心理不适或抵触情绪。要想顺利开展工作，就必须化解不服和抵触情绪，使其从内心佩服你。否则，员工必定会与你对立。

6. 做事先做人，管人先管好自己

班组长是从事管理工作的，是管人、管事的。管人就是做人的思想工作，教育、培养、训练员工如何做一名对社会、对企业、对家庭有用的人；管事就是做事务性的工作，以身作则，教育、培养、训练员工如何做好本职工作，增长才干，不断提升自我。

如何做人、如何做事，代表一名班组长的基本心态、素质与能力。育人先育己，要做好别人的工作，首先要做好自己的工作，由内而外，从个人最基本的部分——观念、品德与动机做起，先审视自我，追求个人的完美才能有部门、企业的成就；先信守对自己的承诺，才能信守对他人的承诺；你要求别人如何待己，你就要如何待人，你的威信自然就会树立起来。

第二章
树立个人权威，凝聚团队人心

作为一班之长，面对性格各异、特长不同、需求不同，甚至为了不同的目标走到一起来的班组成员，如何管理好他们，使之齐心协力地共同完成班组工作？这就需要班组长树立权威，对班组成员"容短用长"。

班组长要有效地领导下属，得到下属的支持和尊重，就必须要树立自己的权威形象，从而产生"无言的召唤，无声的命令"。

作为班组长要理解下属，发扬下属的长处，避开他的短处。学会正确处理员工之间的冲突，从而建立起一个优秀的团队，高效完成各项工作任务。

第一节 顺利开展工作，必须树立权威

一、什么是班组长的权威

权威就是对权力的一种自愿的服从和支持。人们对权力安排的服从可能有被迫的成分，但是对权威的服从则属于认同。反对者可能不得不服从权力做出的安排，但是服从不等于认同。权威就被认为是一种正当的权力。也可以说是极具公众影响力的威望。权威一词是作为引导性名词而存在的，一般没有执行要求。权威是实力的代名词，代表着地位、实力、信誉、威望、权力。

威信是一种众人钦佩、敬仰的声望，是威望和信任两者的结合，是班组长在部属心目中的威望和由威望而产生的信任。

班组长要有效地领导下属，得到下属的支持和尊重，就必须要树立自己的权威形象，从而产生"无言的召唤，无声的命令"。

如果班组长树立的形象与员工心中期望的形象相符，那么一定会得到员工的信任和拥护。要达到这一期望的形象，很大程度上取决于班组长对自身形象的爱护。要树立自己的威信和形象，就要以德立威，具有政治品格和道德品质。班组长要具有权威，必须做到以下几点：

① 有坚定的意志；
② 有较强的业务能力；

③ 要有较高的整体素质和先进观念；
④ 能够洞察是非、明辨方向；
⑤ 在工作中不谋私利；
⑥ 公平待人，态度和蔼，善于沟通。

班组长与主管不同，班组长不但要指挥生产而且还要直接参与生产，具有指挥者和生产者的双重身份。如果说班组长自己干工作"偷奸耍滑"、拈轻怕重，又从何来带动别人呢？所以，班组长要以身作则，带头干实事，为员工树立起"遇难不怕、遇险我先、遇困我挡"的工作作风，才能更好地带动和影响职工投入生产，增加班组的凝聚力和战斗力。

二、班组长权威的来源

班组长的权威来源于 8 个字："能""信""情""才""勤""廉""公""新"。

1. 以能树威

班组长的能力是对组员形成影响和产生吸引力的第一要素。不言而喻，谁也不愿意自己的班长是个"草包"。一个班组长必须具有一定的知识素养和技术水平，在专业方面达到较高的层次，成为本部门、本行业的内行，才能享有较高的威信。

2. 以信取威

诚信是金。古人云："言必信，信必果"。言必信就是说话一定要讲信用，不食言，不说空话、假话，只有这样才能获得员工的信任。

3. 以情立威

情就是上下级之间、领导和群众之间同志式的感情。这种感情是建立在相互支持的基础之上的。有了这种感情，上级和下属就能同甘共苦，乃至生死与共。

4. 以才助威

一个才华横溢的班组长，可以使人产生一种信赖感和安全感，即使在非常困难的情况下，员工也会同心同德地跟着他去战胜困难。

5. 以勤增威

班组长要与员工交朋友，及时发现和帮助员工解决生产、工作、学习和生活中的各种实际问题，协调关系，解决矛盾，拉近与员工的关系。身为一班之长，不主动去学习先进的班组管理经验，不去尝试新的工作方法，班组工作就不能顺利开展。组员也不会以你为榜样，所谓的威信就肯定没有。

6. 以廉生威

班组长要建立自己的威信，必须把廉洁作为一个自我修养的主要方面，坚持艰苦朴素，反对奢侈浪费，不为金钱所惑，不为物欲所误。

7. 以公助威

在工作中要做到公正、公平、公道，切忌亲我者近之，疏我者远之。用人为贤，不要任人唯亲。

8. 以新创威

班组长要在尊重科学、尊重规律的基础上不断创新管理、创新技术，创造性地开展各项工作，使企业在市场竞争中立于不败之地。

班组长要想更好地将职工团结在自己周围，就得树立起相应的威信，创造出适应自身环境的现代班组管理方式。那么，班组工作也就会更加有条不紊、顺理成章。

三、卓越班组长的素质要求

俗话说"身教重于言教"，班组长在员工中树立什么样的形象，会具有很强的导向作用。

1. 品质要求

一个优秀的班组长应该具备5种基本品质。

① 向员工显示出他们对企业和员工的关心。

② 能明确告诉员工，企业的目标是什么。

③ 能让员工明白，在企业内部人人平等，遵守制度和违反制度、努力和懈怠的后果是不一样的。

④ 善于抓住企业的发展机遇。

⑤ 能和企业一起承担风险。

而其中最后的两项，都需要有敢做敢当的管理魄力。

班组长的敢做敢当，不仅仅表现在大胆开拓和承担责任上，还表现在自我的品德塑造上。班组长敢做敢当就不会揽功推过，不会文过饰非，也不会护短遮丑；而是踏踏实实地把工作做好、做实、做优秀。这样，班组长的人格魅力可以为他赢得更多的尊重，更多的服从，更多的追随者。

如果一个班组长具有强烈的责任感、使命感，全心全意为员工服务，公平待人，态度和蔼，善于沟通、协调人际关系，又具有鲜明的个性特征和高尚的道德品质，那么他的威信肯定高，影响力肯定强。

2. 能力要求

一个卓越的班组长需要具备以下能力。

（1）专业能力。对于班组长，其工作精力主要应用在一线操作上，因此专业技术所占的权重很高。作为一个兵头将尾，一定要是业务尖子，行家里手，只有如此才能说话有分量、有权威。

（2）目标管理能力。在处理业务时，设定主题、时限、数量等具体的目标，提高员工的参与意识，具备使P（Plan—计划）→D（Do—执行）→C（Check—检查）→A（Action—调整），这个循环不断地周而复始的能力。

（3）解决问题的能力。具有发现问题的意识和想象预测能力，一旦发现妨碍达到目标或业务开展的问题，立即分析现状，找到原因。善于用多问思维，从全方位思考对策，并提出对策直至解决问题。

（4）组织能力。为了达到部门的目标，利用班组每一个人员的特点进行任务的分担，发挥全体人员的能力，同心协力，使部门运作达到$1+1 \geq 2$的效应。

（5）交流、交际能力。为了能够直接地进行意见沟通、交流必要的信息，应该具备高度的说话、倾听、商谈、疏通及说服对方的能力。交流能力随着工作经验和悟性会逐渐提高。良好的沟通协调能减少摩擦、融洽气氛、提高士气，有助于构筑良好的信赖关系。

（6）倾听的能力。很多管理者都有这样的体会，一位因感到自己待遇不公而愤愤不平的员工找你评理，你只需认真地听他倾诉，当他倾诉完，心情就会平静许多，甚至不需你做出什么决定来解决此事。

这只是倾听的一大好处，善于倾听还有其他两大好处：一是让别人感觉你很谦虚；二是使你了解更多的事情。每个人都希望受到重视，并且都有表达自己意见的愿望。所以，友善的倾听者自然成为最受欢迎的人。

（7）激励的能力。要让员工充分地发挥自己的才能努力地去工作，就要把员工的"要我去做"变成"我要去做"，实现这种转变的最佳方法就是对员工进行激励。如果用激励的方式而非命令的方式安排员工工作，更能使员工体会到自己的重要性和工作的成就感。

激励的方式并不会使班组长的管理权力被削弱。相反，班组长会更加容易地安排工作，并能使员工更加愿意服从你的管理。

优秀的管理者不仅要善于激励员工，还要善于自我激励。作为一个管理者，每天有很多繁杂的事务及大量棘手的事情需要解决，其所面对的压力可想而知。自我激励是缓解这种压力的重要手段。通过自我激励的方式，可以把压力转化成动力，增强工作成功的信心。

（8）指导员工的能力。在经过深思熟虑后，为了顺利地展开日常业务而传授必要的知识及方法；指出员工在意识和行动上的不足之处；使大家理解业务的定位、重要性，提高他们的工作劲头。

（9）培养能力。部下的培养是管理人员的重要任务。培养能力是熟悉每一个部下的欲求，在工作中让他们自由发挥自己的长处，使他们的成就感与工作能力能够长期有计划地得到提高。

（10）自我约束的能力。不沉湎于惰性及日常业务之中，描绘"理想的自画像"，经常以此自律自己的行动。为此必须非常了解自己的长处与短处，在有限的时间内有效地活用，努力增进自己的知识、人格、健康的能力。

四、怎样在班组中迅速树立权威

1. 要头脑清晰、思维敏捷

作为一名班组长，首先要有很强的管理意识，对于自己所服务的对象要做到心中有数。譬如对检修班组来说，班组管理的业务范围是什么？有哪些设备系统？他们的规范和构造如何？有哪些保护和控制系统？这些设备系统在机组运行中起到什么作用？有什么功能？这些问题都必须搞清楚。只有把这些问题搞清楚了，才不会犯那些低级错误。仅仅了解掌握了设备的构造、性能和作用还不够，还要对自己所管理的人和设备要做到了如指掌，始终要处在受控状态，如所辖设备的运行状态如何？存在哪些安全隐患？准备采取哪些有效措施？班组中每一个成员的技术水平如何？实际工作能力怎样？能否胜任所从事的工作？不胜任又该怎么办？在这方面，少数班组长的差距还是很大的，有待于在实际工作中进一步提高。

2. 要技能过硬、带好队伍

作为班组长，班组成员是要看你的真本事的。一个班组，班组长应当是技术权威、业务大拿，才有说服力，才能当好带头人，才能树立威信，适应班组管理的需要。但是，单靠班组长一个人掌握全部的技术是不行的，还应该带领全班人员学习业务，提高技术水平，组织、引导、实施各种形式的技能培训，这方面很多班组长还做得很不够，要本着干什么、学什么，缺什么、补什么的原则扎扎实实地搞好岗位技术培训。现在有一种不良倾向，就是片面追求文凭，对岗位技能培训的重视不够，以至于出现了问题，自己解决不了或者解决不好，过分依赖厂家和科研部门，这个问题要引起高度重视。要注重培养技能型人才，要积极鼓励大学生到基层班组工作，不断提高班组整体素质。如果一个班组每个人的技能水平都很高，所有的人都很能干，那将会是怎样的一种局面？因此，一定要树立正确的人才观，妥善处理好文凭与技能的关系。

3. 要讲究工作方法、务求实效

班组工作一定要讲实际、求实效，实事求是，切忌华而不实。做任何事情都要提倡求真务实的工作作风和严细扎实的工作态度，标准要高，要求要严，要干就干好，要争第一、创一流。坚决纠正马虎、凑合，不在乎等不负责的行为，大力发扬认真负责、吃苦耐劳、无私奉献的爱岗敬业精神。

另一方面，要善于发现班组中存在的问题，及时采取措施加以解决，使各方面的工作高效有序，并富有创意。这就要求班组长在工作中要讲究工作方式、方法，要针对不同人员的个性、脾气和能力加以区别对待，要扬长避短，知人善任，充分调动每个人的潜能，发挥他们的聪明才智，共同为做好班组工作而不懈努力。 当班组工作中出现困难时，首先要树立战胜困难的决心和信心。从战略上藐视它，战术上重视它。不同的处理方式往往会产生不同的效果，这都需要在实际工作中不断摸索、领悟和提高。

4. 要严格管理、严于律己

班组长要有原则性，为人处世要公道正派，按照规章制度办事，正确处理情、理、法的关系，对班组成员在工作上要严格要求、一丝不苟，在生活上要给予无微不至的关怀。在班组内部，要积极创造一种健康向上、和谐友善的人际关系 。作为班组长，还要吃苦在前、享受在后，严于律己，要求别人做到的，自己首先要做到，要求别人不做的，自己也应该不做。不能私字当头，只考虑自己的利益。切忌拉帮结伙，要五湖四海。很多时候，在许多方面要用人格的力量来影响人、感召人，要先人后己，以整体利益为重。只有这样，班组才会有很强的凝聚力和战斗力，才能更好的发挥团队精神，班组工作才能展现良好的风貌，创造出辉煌的业绩。

5. 要善于学习、善于思考

班组长要经常自己的班组工作，方方面面、条条块块，每个阶段每件事情都要及时全面，从中发现成功和不足、经验和教训，通过反思、继而提炼出对工作有帮助的东西，然后加以推广和发扬。还要善于向别人学习，提高分析问题的思路，处理问题、待人接物的幽默、风趣及艺术性等等。邀请专家教授来授课的机会毕竟是有限的，这就有赖于我们平时自己的自主学习和较高的悟性。有很多同志特别注重这些，所以水平提高的很快，但也有不少同志不善于学习，几年下来没有长进，依然说话无重点、表述不达意，办事不得要领，工作总是繁忙但忙不到点子上，工作很是被动。还要善于思考。思考应当是全方位的，做事情之前的构思、计划与决策，过程中的监督、分析与比较以及事后的检查与总结，都需要进行系统的思考。俗话说，不打无把握之仗，要目标明确、准备充分、有的放矢，才能赢得最终的胜利。——成绩取决于好的思路，而思路源于深思熟虑的系统思考。

6. 做好班组工作，创造良好的外部条件和环境

要搞好班组工作，各级领导对班组工作要积极支持、真心帮助，尽可能为班组长开展工作积极创造有利条件。要扶正压邪、弘扬正气，既讲原则、又讲友情。在班组长遇到困难时，要鼎力相助，在学习和生活上要充分考虑班组长的实际情况，排忧解难、全力以赴支持班组长的工作，为班组长的管理工作提供良好的环境和条件。

第二节　凝聚团队人心

一、消除员工工作上的恐惧心理

很多时候，员工们不愿意去做一件工作，就是因为他们已间接地预测到，做这件工作会给他们自身带来负面的结果，因而产生恐惧心理。

在现实工作中，对于那些很在意自己行为的员工，尤其是能否成功地完成工作的员工，恐惧的发生是自然的、是有理由的。而这常常会使员工为了能够很好地做成一项工作，自觉地在工作中小心谨慎，仔细防范。如果员工坚信自己不可能完成这项工作，或这项工作能否完成对自己又很重要时，他们就会不按班组长的指令去做，甚至不去做。这种恐惧症结，甚至使员工们未意识到，自己也许会因为拒绝执行而失去工作。恐惧使他们只关注这一工作所有可能产生的不良结果。

例如：当班组长问"为什么"时，员工常会回答："我不敢去试，尽管我认为那是一个很好的办法。可是一旦它失败，我就会陷入困境和麻烦之中。"另如，"我不敢告诉你，我不知道怎么做这项工作，因为，这样也许你会认为我太笨。"……可见，导致这一切的最直接的原因是：恐惧已使每个员工都失去了做这件事的能力和信心。

最令人遗憾的是，员工不敢向班组长表达这份恐惧。即使班组长跟员工谈话，员工也不会告诉班组长真正的原因所在，当然也不会向班组长求助了。所以，班组长要让员工尽力去做手中的工作或被要求去做的事。具体而言，首先让他们明白这件事对他们是不会有什么负面的结果，或者说，所存在的一些负面效果并不如他们所想象的那样糟糕，不要让员工们因恐惧，苦思对策而夜不能寐。

在讲清利害关系后，班组长要给予员工一定的鼓舞和克服恐惧的实用方法，提出预防之道，激励员工，以排除员工的工作障碍。例如，假定一位员工性格内向讷言，而他的工作又要求他必须积极主动。这时，班组长就应该向他讲清楚道理，告诉他胆怯和恐惧是自然的。并告诉员工，只要他愿意付出代价和汗水，使用积极的心态的话，那么他肯定就能成为他自己所想成为的那种积极主动的员工。同时，还要向他讲述一些别人是如何克服了胆怯和恐惧的事例。再向这名员工建议经常向自己说一句自我激励的话。结果，员工每天都多次重复这句话："要进取！要进取！"努力使自己大胆行动。在班组长的帮助下，这名员工就会通过这种自我激励警句而行动起来，成为一名优秀的员工。

谁都有缺点，谁都有软弱的一面，事实上，恐惧通常只有当员工面对新情况或者做一件从来没有做过的工作时才会产生。聪明的班组长一不会嘲笑员工，二不会蔑视员工，他们总是客观地看待员工的"恐惧"，积极帮助员工尽快走出恐惧的阴影，令"当事者"感激涕零，使"旁观者"窃喜在心。相信长期如此，员工们的恐惧肯定会一天天消逝。有如此善解人意的班组长，"我还怕什么？"而这又怎能不诱使他们一个个成为努力奋发、不知疲倦的员工呢？毕竟，这使他们可以无后顾之忧地大胆施才，放心创新，甚至可以与班组长一争高低。

二、正确处理员工对自己的抱怨

工作中难免会遇到各种各样的问题，作为班组长，听到员工的抱怨声是再正常不过的了，那么，究竟应该如何处理这些抱怨的声音呢？面对手下员工抱怨的时候，班组长应该以正确的心态处之。

1. 重视抱怨

抱怨是可以发展升级为愤怒，产生进一步的矛盾的，也是可以将负面的情绪散播给周围其他的人，所以，面对手下的员工有抱怨时，一定要引起足够的重视，只有重视才有可能去面对，去认真处理。

2. 淡定对待抱怨

听到员工的抱怨，一定要让自己冷静下来，不要急着发脾气，吹胡子瞪眼着急上火地大声嚷嚷，不但解决不了问题，还容易激化矛盾，使问题升级。遇到问题要淡定、冷静，泰然处之，也是领导修养的一部分，同时也体现了领导的一种能力。

3. 善于倾听员工意见

善于倾听并且耐心的倾听对方的言辞，是一个人的素质高低的体现，也是一个领导必须要积极掌握的沟通技巧。很多时候，在听到与自己观点不一致的谈话时，总是忍不住插话，打断对方，急于表明自己的观点和立场，这样做于事无补。我们都有一张嘴、两个耳朵，就是为了让我们多听少说，学会耐心地倾听，认真地把对方的话听完，可以更好地了解对方的真实想法，在自己说话的时候才能更好地找到切入点更好地反驳。

4. 开门见山地沟通

在与员工谈话时要开门见山，直截了当，搞清楚员工的抱怨是什么，根本原因是什么，导火索又是什么，之后完全可以根据这个展开问题的讨论。沟通时，切忌绕弯子，谈了半天，让员工弄不清楚你想表达的主题是什么，也容易让人产生误解，以为你是在欲盖弥彰，故意躲避抱怨的根源。

5. 信任自己的员工

信任别人，才有可能得到对方的信任，信任是相互的，当遇到员工有抱怨时，要信任自己的员工，是出于对事情的态度，而不是对领导本人的态度，这样就会就事论事的去处理问题，而不会掺杂浓烈的个人感情，使问题复杂化。

6. 坦诚对待自己的错误

如果最终发现自己确实存在一定的过错，就要大大方方地承认自己的错误，坦诚地面对大家，不需要遮遮掩掩，更不要搬出更多的理由为自己已经出现的错误辩解，勇敢地承认自己的错误是体现一个领导宽大胸怀的表现，坦然地面对自己的错误才是进一步沟通，更好地解决问题的关键。

三、正确处理员工对其他人的抱怨

抱怨是一种正常的心理情绪。员工对其他人的抱怨，班组长不要无所谓，应当采取措施认真对待，不要使这种情绪蔓延和激化。

1. 认真倾听员工述说

乐于接受抱怨面对抱怨，班组长所需做的第一件事就是认真倾听。只要能让员工在你面前抱怨，就成功了一半，因为你已经获得了他的信任。

2. 尽量了解起因

任何抱怨都有原因。多方面地了解原委是必要的，在事情没有完全了解清楚之前，班组长切忌发表言论，表明态度。

3. 平等沟通

实际上，80%的抱怨是针对小事或者并不合理，只有通过充分、友善、耐心的沟通来解决。

4. 处理果断

对于需要采取有效措施的抱怨，一要民主、公正、严明，二要及时、果断，特别要防止情绪的扩散，将其影响的人群控制在最小的范围内。

5. 就事论事

尊重任何员工的抱怨，不要受其工作表现等其他因素的影响，处理抱怨时将注意力集中在抱怨本身，而不是借此机会让他检讨工作。

四、处理好自己与员工的冲突

很多班组长都遇到这样的情况：本来一件无可非议的事情，想也没有想到，下属会那样的抵触和抗拒。这时，如果处理不当，就会加深鸿沟，陷入困境，甚至导致双方的关系彻底破裂。那么，一旦与下属发生冲突怎么办?通常情况下，缓和气氛，疏通关系，积极化解，才是正确的思路。

1. 如何走出冲突

班组长和员工之间产生矛盾冲突通常是因为对工作有着不同的标准和期望。关于冲突关系的最重要一件事，是要知道如何才能阻止冲突。这里，给出几方面的指导原则。

（1）学会认识冲突。当看到一种能够作出预期的沟通方式时，就可以肯定那里正在发生一场冲突。

（2）对自身的感觉要有所注意。你的内心世界正在发生什么变化?你的肌肉紧张起来了吗?你觉得饿了吗?你感到生气吗?或者是，你觉得沮丧吗?总之，不要不重视你的感觉。

（3）观察一下周围发生的事情。一旦你找回了你的现实感，你就可以更好地把握你的感觉。

（4）寻找你自身的真实感觉。对你自己说，现在我觉得（很不好）。

（5）问你自己为什么才使你有现在这种感觉。问问自己:我想找回原来的感觉吗?我希望觉得自己是一个虐待者、拯救者或者受害者?

（6）对消极的后果加以抑制。如不一定要解雇故意找茬的员工，那正是他所希望的。

（7）积极地去听，并对你所感觉到的和想要做出事情做出决断性的反应。

（8）暂时把某一问题搁置起来，先来解决人们心理上的问题。

（9）对某个人提供帮助，只要他或她同意接受并希望获得帮助。

（10）接受其他人的帮助，如果你真的希望得到而且需要它。

总之，最好的解决冲突问题的办法，便是让你的自我状态发挥作用。首先，要意识到究竟发生了什么事情。要从企业的整体角度出发，找出最重要的问题。然后，运用一些阻止冲突的办法去具体操作，最终建立一种建设性的人际关系。

2. 如何处理与员工的不愉快

你希望下属能够尽快地完成工作，而下属认为你太不现实，因而导致你很失望，他也十分灰心。另外一名员工希望你能为他提供更好的工作条件，而你没办到，于是他生气，你也不知该怎么办。有一名员工对你十分粗鲁；还有一名员工总是不合适地奉承你。你该如何处理与这些员工之间存在的不愉快的事情呢？

① 必须弄清这种冲突是什么；
② 要找出导致这种冲突的原因；
③ 必须正视所要克服的障碍；
④ 要检测一下所采用的方法是否能有效解决这一冲突；
⑤ 应当预见到事情的结果，不管最终是否能解决这一矛盾，对其结果的可能情况应心中有底，不至于到那时手足无措无以应付。

为了更好地说明这五点，来看看下面的例子。

小曹的工作总是很迟缓，她经常连最低要求也达不到。你已经与她谈过，并且仔细地观察她的工作，给她提了一些良好的建议。但这一切都无济于事。你每一次与她谈及工作时她都感到沮丧不安。要弄清这种矛盾，你必须明白这种矛盾的产生在于你和小曹对工作有着两种不同的标准。

① 在这里问题的关键在于你必须引起她对此事的高度重视。
② 障碍看来似乎是小曹不愿意与你谈及她的工作，或者她的确没有能力把工作做得更好。
③ 你可选择的解决办法是：对小曹进行专门培训，提高她的工作能力，或是降低期望。如果把这一矛盾置于一边不予理睬，则可能使你总感到不满意。但如果你来面对这一矛盾，可能会使小曹的工作得到改进，她也能与你进行更好的沟通；但另一方面也可能会导致她辞职或被辞退。要回答的问题是：你是否愿意冒这个险呢？

否则，你就只能让这一矛盾继续存在下去。

3. 化解冲突的技巧

（1）冲突化解法的具体操作。冲突化解法指具体说明处理冲突的态度、作法，以缓解班组内部的工作气氛，疏通关系，创造良好的工作环境。具体操作如下。

① 分析发生冲突的原因，找出主要责任方。
② 请与本事无关的第三人从中调停，搭好桥梁。
③ 针对不同情况，酌情处理冲突。
④ 在合适的情况时，适时表达自己化解冲突的良好愿望。
⑤ 冲突一旦停止，不再追究，不再扩散。

（2）冲突化解法实施要点

① 如果冲突的主要责任方在自己，应勇于找下属承认错误；如果责任在下属一方，应对不同情况做出轻重不同的处理。

② 不是原则性问题时，可主动将责任揽在自己身上，给对方一个台阶，以留住人才。

③ 请人化解时，注意带去自己的歉意，在不损害自己威信的情况下，尽量实现双方的沟通。

④ 在发生冲突后，不要急着分辨对错，可将此事暂时搁置，等冷却一段时间后再作处理。

⑤ 作为上级，应适度忍让，不要小肚鸡肠，斤斤计较。

（3）冲突化解法的具体方法

① 引咎自责，自我批评。心理素质要过硬，态度要诚恳，若责任在自己一方，就应勇于找下属承认错误，进行道歉，求得谅解；如果重要责任在下属一方，只要不是原则性问题，就应灵活处理，因为目的在于更好地开展工作，所以作为上级可以主动灵活一些，主动承担一些冲突的责任，给下属一个台阶下。人心都是肉长的，这样的胸襟极容易感动下属，从而化干戈为玉帛。

② 放下架子，主动搭腔。不少人都有这样的体验，即当与下属吵架后，有时谁见了谁也不先开口，实际上双方内心却都在期待对方先开口。所以，作为班组长遇到下属特别是有隔阂的下属，就应及时主动搭腔问好，热情打招呼，以消除冲突所造成的阴影，这样给下属和公众留下不计前嫌、大度处事的印象。不要抹不开面子，憋着一股犟劲不搭腔、不理睬，昂首而过，长期下去就会让矛盾像滚雪球般越滚越大，势必形成更大的隔阂，和好的困难会更大。

③ 不与争论，冷却处理。就是当下属与自己发生冲突后，作为班组长不计较、不争论、不扩散，而是把此事搁置起来，埋藏在心底不当回事，在工作中一如既往，该指示仍指示，该表扬还表扬，就像没发生过任何事情一样。这样随着时间一长，就会逐渐冲淡、忘记以前的不快，冲突所造成的副作用也就会自然而然消失了。

④ 请人斡旋，从中化解。就是找一些对下属有影响力的"和平使者"，带去自己的歉意，以及做一些调解说服工作，不失为一种行之有效的策略。尤其是当事人自己碍于情面不能说、不便说的一些语言，通过调解者之口一说，效果极明显。调解人从中斡旋，就等于在上下级之间架起了一座沟通的桥梁。但是，调解人一般情况下只能起到穿针引线作用，重新修好，起决定性作用的还是要靠当事人自己去进一步解决。

⑤ 避免尴尬，电话沟通。打电话解释可以避免双方面对面的交谈可能带来的尴尬和别扭。打电话时要注意语言应亲切自然，不管是由于自己方法不当造成的碰

撞，还是由于彼此心情不好引发的冲突，不管是下属的傲慢而引起的"战争"，还是由于自己思虑不周造成的隔阂，都可利用这个现代化的工具去解释；或者利用书信的方式去谈心，把话说开，求得理解，形成共识，这就为恢复关系初步营造了一个良好的开端，为下一步的和好面谈铺开了道路。这里需要说明的是此法要因人而异，不可滥用，若下属平时就讨厌这种表达方式的话，用了反而更糟糕。

⑥ 寻找机会，化解矛盾。就是要选择好时机，掌握住火候，积极去化解矛盾。譬如：当下属遇到喜事（如结婚、生日）或受到表彰时，作为班组长就应及时去祝贺道喜，这时下属情绪高涨，精神愉快，适时登门，下属自然不会拒绝，反而能感受到你的诚意和对他的尊重，当然也就乐意接受道贺了。

⑦ 宽宏大量，适度忍让。当与自己的下属发生冲突后，运用这种方法就要掌握分寸，要有原则性，一般来说在许多情况下，遇事能不能忍，反映着一个人的胸怀与见识。但是，如果一味地回避矛盾，妥协忍让，委曲求全的话，就会在公众中使自身的人格和形象受到不同程度的损害，正确的做法是宽宏大量，不要小肚鸡肠，斤斤计较。

适度地采取忍让的态度，既可避免正面冲突，同时也保全了双方各自的面子和做人的尊严。

话又说回来，如果下属偏偏是位不近情理，心胸狭窄，蛮横霸道的人，就不应该一让再让，让他觉得这个班组长软弱好欺，而应当机立断，毫不犹豫地给予相应的回击和处分。处理这样的下属一定要理直气壮，客观公正，让所有人都明白不是针对谁，而是一种企业的行为。

五、妥善处理员工之间的冲突

员工与员工之间时常会因为工作上或生活上的事情发生冲突。通常，员工看起来是在为一些鸡毛蒜皮的小事情而闹矛盾，但你切切不可对这种小矛盾等闲视之。这种事情可能涉及到自我领域、自尊以及地位的争斗，这时就没有哪一个是无足轻重的了。尽管口角会经常存在，但要把握好解决的尺寸，要适度才行。

1. 尽量接近员工

你可以通过如下的方式来达到这一点：尽量使自己能让下属接近，通过与他们的交谈来了解工作的进展或是遇到什么麻烦。

做这种让下属能接近的上级，必须能够仔细听取他们的意见，必须能够重视一些细小的事情，必须处处体现出对他们的关切和在意。去了解事情的进展意味着要通过积极的询问来获取信息。看是否有人需要帮助或努力去发现一些细小的变化（如有的员工使劲敲门，乱扔工具或者大声叫嚷、迟到等），因为这些细微的蛛丝马迹中可能蕴藏着矛盾冲突。所以你最好是在问题严重之前就解决它，尤其是这种涉及到多名下属的问题。

没有人愿意生活在不愉快的环境之中，一个有问题的员工可能会导致整个工作氛围令人不愉快。假设你有两名下属经常争吵，那么你就有必要去弄清这种争吵是一种友好的争吵呢，还是暗中带刺相互中伤的争吵？是一种用于闲极无聊时解闷逗趣的方法呢，还是开玩笑的嘲讽？如果属于后者，你便要作为中间人去加以调解了。

2. 合理应对员工冲突

有人很害怕出现矛盾，因而当矛盾出现时便不惜一切代价来消除它；也有的人只对争论和冲突情有独钟。

并非所有的冲突都是不利的。有时，一些意见上的分歧是十分必要的。如果人们认为持异议或不赞同是一种很自然的事情，并且不是把争论看作一种威胁而是看作一种健康的行为，那么企业会因此受益匪浅。因为，如果对什么都保持一致，就不会有挑战，不会有创造性，也不会有相互的学习和提高。例如，如果两名员工就某一问题的最佳解决方案争得面红耳赤，这时候你要表现出对他们这种认真态度和敬业精神的赞许，你可以得出一个实际可行的折衷办法，或者从一个特殊的角度来发现解决问题的妙方。

冲突的结果包括有益的结果和有害的结果。

（1）有益的结果

① 在某种情况下，消除了分裂因素，取得了更加一致的意见，企业内重新形成团结的气氛。在公开冲突之后，冲突者可能会感到相互之间更加接近。因此，有益的冲突会有利于企业内部"气氛的清新"。

② 冲突之后，企业可能产生新的领导，因为在冲突的压力之下，发现原来的领导者不合适。这可能使企业的面貌发生有益的变化。

③ 冲突的结果，旧的不合适的目标可能被修改，代之以合适的目标。例如，工程部门和生产部门在产品质量、成本和价值方面的争执后，可能得到一种既符合市场需要又符合企业利益的产品设计。

④ 在几次小事件的冲突之后，引起了人们注意，从而订立必要的制度，提高了管理水平。有些企业建立经理定期召开雇员座谈会制度，使人们有机会反映意见，从而提高组织的效率。

⑤ 在冲突的影响下，可能增加完成任务的干劲，使企业"加速运转"。为此，有的行为学家把冲突称为组织的"润滑剂"。

⑥ 冲突可以促进创新。由于不同意见、观点的交锋，使人们的认识深化，引发创造性的思想。

⑦ 由于冲突迫使人们表明自己的观点来支持自己的论点，促进了意见的交流。
⑧ 某些心理学家还认为，冲突可以满足许多人固有的"挑衅性"。

（2）有害的结果

① 冲突给某些人突然产生情绪压力，影响了精神健康。
② 剧烈的冲突常常造成企业资源的错误分配，给企业的整体效果带来损失。在冲突中还会浪费时间和一定量金钱。
③ 当争执者的立场走向极端时，使企业系统不能处于正常状态，做出不正确的决定。
④ 曲解了企业的目标，走上了歪道，给企业造成损失。

如果你遇到那种个人之间的冲突，最好是私下里单独听听双方的陈词，但不要急于表态，以肯定谁或否定谁。

人在气极时可能会说出诸如"我再也不会跟你反映任何事情了"的话，当然，他不可能做得到。你要避免火上浇油的正面冲突。因为下属向你谈及他的感觉，能够消除他的怒气。待事情冷落下来后，你再就此做出决定，看如何使他们更好地相处，来共同实现班组的目标。

不要指望分歧的双方能够和好如初。但你要告诫他们必须相互尊重，不论感觉如何都应当充满理智地以礼相待。

这时候，你便有权威来订出一些条例。比如说：不准直呼其名；不得故意破坏或扰乱他人工作；不得对同事持不合作态度；不准因任何理由动用暴力等。

在这种情况下，你可能遇到的问题是其他下属会对此表明他们的态度。因此你可能会看到一半的人与另一半的人形成对峙。这时，除非你有绝对的把握谁是谁非，否则不要表态。你首先要强调的是：工作第一。只有当你对自己的调查能力、分辨能力以及自己的公正无私有绝对的信心和把握时，你才能让当事人双方对质。而且对质的场合最好选在私人办公室或其他工作地之外的地方。

在解决这类问题时，有一个行之有效的方法，那就是让他们当事人双方能够调换角色，设身处地地为他人想一想。

3. 公正解决纠纷

当员工之间产生矛盾时，你面临着一个选择。要么你扮演班组解决问题的人的角色调节矛盾，要么协助员工商讨出使双方都能满意的解决方案。精明的班组长只要有可能都会选择后者，在整个过程中帮助员工提高将来在没有干预下自己处理矛盾的技巧。

从今以后，班组内部无论何时产生矛盾，牢记第一反应都应如此："让我们先听一下各方的理由然后再试图解决"——而不是先决定你站在谁一边而支持他。一定要记住，挑动一个员工对付另一个员工，在任何情况下都是不正确的。

有些班组长有意想把一个成员开除时，会利用别的员工的协助，"鼓励"那名不合格的员工在给他另派任务或把他解雇之前，让他主动离开。对付那些不听话的员工是你作为班组领导的分内之事，而和别的员工无关。

尽管在班组里总会有一些你认为是心腹的员工，与其他员工比起来你更信任他们，甚至言听计从，但是别忘了不要让这种偏爱左右了你在处理班组成员之间的分歧时的决定，这才是最重要的。班组的每一位成员都在为整个团队作出贡献。有时候，当员工们之间发生矛盾时，班组长就会不可避免地陷入更喜欢谁而不喜欢谁的旋涡之中。但是，为了发掘班组最大限度的工作能力，最好的办法是对每位成员一碗水端平，避免顾此失彼。在前面我们已经讨论过需要认识到每位员工都有和别人的不同之处，有不同的喜好和价值观念。但你可以兼容并蓄，让每位员工都知道你在像支持别人那样支持他。当人知道他自己被赏识时，往往更卖力。

六、提高员工对团队的归属感

1. 员工缺乏归属感的危害

不少人抱怨自己雇员的流失率高，对企业的发展影响太大。究其原因是员工对企业的归属感偏低。

归属感低的企业，至少会有下列问题。

（1）浪费培训资源。

（2）雇员适应需要一定时间，造成效率偏低。

（3）对企业声誉有影响。

（4）直线管理者的管理才能受质疑。

2. 影响员工归属感的因素

影响员工归属感的因素包括以下几方面：

（1）上级情绪化，动辄以降职或解雇威胁下属。

（2）人际关系不佳。

（3）上级偏袒某些下属，令其他人感到不公平。

（4）感觉已经努力，但仍然得不到上级的认同或赞赏。

（5）前景不明朗，企业经济经常陷于困难。

（6）诸多限制，下属不能畅所欲言，不能尽展所长。

3. 提高员工的团队归属感的方法

人的人生有 1/3 的时间就用在工作中。如果工作不惬意，不是三分一的人生活在不快乐中，而是除了睡眠时间外，所有时间都感到不快乐。有些较敏感的人甚至会出现失眠现象，一份惬意的工作，对人生起着何其重要的影响。

员工对企业归属感的提高，也就意味着员工对企业及所在班组在情感上的认同。一个对企业有着强烈归属感的员工，会用他的热情带动更多的员工对班组的认同，班组的人际氛围自然而然地得以改善。如何提高班组员工归属感呢？

（1）不能强要下属没有情绪。人是感情动物，不能强要下属公私分明，一切私人感情均不带进工作现场，更不要期望每一位下属都是硬汉或铁娘子，他们都需要别人的关怀。

下属满怀心事，未必是因为工作不如意或身体不适，有可能是被外在因素影响的。例如至亲的病故、家庭纠纷、经济陷于困境、爱情问题等，都会使一个人的情绪波动。作为班组长，应予以体谅，并就下属某方面的良好表现加以赞赏，使他觉得自己的遭遇并非那么糟。

（2）多一点关心。冰冷的面孔、严峻的规例、漠不关心的同事，都使人感到不安。在一线多年的人，可能不会感到什么，但对于在家或刚从学校出来被关怀惯了的人，却是一种虐待。

班组长在适当时候为下属解决问题，不单只是公事，也包含私人的情绪。下属遇到挫折时，情绪低落，工作效率和质量会受到影响；如得不到上级的体谅，情况可能会更糟。

用朋友的身份询问下属发生什么事，细心聆听、慎给意见；最重要的，是绝对保密，永不将下属的私事转告任何人，才能得到对方的信任，得以安心投入工作。

（3）允许下属调剂一下情趣。适量放置私人纪念品，不但能调剂视觉，更能调剂繁重而沉闷的工作，使下属工作起来分外起劲。所谓适量，是指以不妨碍工作为原则。

有时候经过下属的工作台时，不妨留意他们的桌面，是否摆放家人的照片。表现蛮有兴趣地问他们相片中的人是谁，因为放置私人照片，主要不是给自己看，而是希望得到别人的欣赏和赞美。

一些奇形怪状的装饰品，不妨细加欣赏，使下属感到被重视。遇到桌面放置太多私人对象的下属，不宜下令他立即挪开，应在细加欣赏后，建议他作适当的摆放，可以增加视觉美感，而又不会妨碍其工作进行。

关怀下属，可增加其归属感；但是过分关怀，则流于感情用事。例如因为同情一位失恋的下属，而将其工作量转移到其他下属之上；美其名为体谅前者，却对后者极不公平，影响后者的工作情绪。

此外，听下属细诉不快事，可以使他们宣泄情绪，但是不懂得控制场面，反而使对方愈说愈不安。有时候，下属的家庭有问题，脾气暴躁，作为上级应在聆听他的倾诉后，作出适当的安慰已经足够。千万不要因此在行动上作出迁就，使对方得寸进尺。否则他会漠视你上级的身份，忽视你指令的工作，以为自己有了一道"免死金牌"，"奉旨"拖延。

无论任何时间，班组长和下属之间可以存在友情，但在工作上，必须公私分明，一视同仁。

第三章
了解员工行为模式，正确应对各类员工

员工的秉性不同，其行为模式也不同。作为班组长，要根据员工秉性的差异，采取不同的应对办法。

另外，员工的道德水平不同、综合素质不同，对待班组长的态度也会不同，班组长要能够根据不同员工类型的特点，灵活应对。

唯有如此，才能顺利推进班组长的工作。

第一节 正确应对不同秉性的员工

不同秉性的员工，其行为模式是不同的。作为班组长，要根据不同类型员工的特征和需求，采取不同的应对办法。

一、如何与分析型员工相处

① 遵守时间，不要寒暄，尽快进入主题，要多听少说，做记录，不随便插话。
② 不要过于亲热友好，尊重他们对个人空间的需求，减少眼神接触的频率和力度，更要尽量避免身体接触。
③ 不要过于随便，公事公办，着装正统严肃，讲话要用专业术语，避免俗语。
④ 摆事实，并确保其正确性，信息要全面具体，特别要多用数字。
⑤ 做好准备，考虑周到全面，语速放慢，条理清楚，并严格照章办事。
⑥ 谈具体行动和想法，而不谈感受，同时要强调树立高标准。
⑦ 避免侵略性身体语言，如阐述观点时身体略向后倾。

二、如何与结果型员工相处

① 直接切入主题，不用寒暄，多说少问，用强势的语气来谈。
② 充分准备，实话实说，而且声音洪亮，加快语速。
③ 准备一张概要，并辅以背景资料，重点描述行动结果。

④ 行动要有计划，计划要严格高效。
⑤ 处理问题要及时，阐述观点要强有力，但不要挑战他的权威地位。
⑥ 从结果的角度谈，而不谈过程。
⑦ 给他提供两到三个方案供其选择，他讨厌别人告诉他应该怎么做。
⑧ 增强眼光接触的频率和强度，身体前倾。

三、如何与表现型员工相处

① 声音洪亮，热情，微笑，建立良好的关系，表现出充满活力，精力充沛。
② 大胆创意，提出新的、独特的观点，并描绘出美好的前景。
③ 着眼于全局观念，而避免过小的细节。
④ 如果要写书面报告，请简单扼要，重点突出。
⑤ 讨论问题反应迅速及时，并能够做出决策。
⑥ 夸张身体语言，加强目光接触，表现出积极的合作态度。
⑦ 给他们时间说话，并适时的称赞，经常确认及简单的重复。
⑧ 注意自己要明确目的，讲话直率，用肯定而不是猜测的语气，注意不要离题。
⑨ 重要事情一定以书面形式与其确认。

四、如何与顺从型相处

① 热情微笑，建立友好气氛，使之放松，减小压力感，避免清高姿态。
② 放慢语速，以友好但非正式的方式，如可以谈谈生活琐事，特别是关于你的个人情况。
③ 提供个人帮助，找出共同点，建立信任关系，显出谦虚态度。
④ 讲究细节，淡化变化，从对方角度理解，适当的重复他的观点，以示重视。
⑤ 决策时不要施加压力，不要过分催促，更不要限制严格的期限。
⑥ 当对方不说话时，要主动征求意见，对方说话慢时，不要急于帮对方结束讲话。
⑦ 避免侵略性身体语言，如阐述观点时身体略向后倾。

第二节　如何应对不同类型的员工

一、如何应对班组中的"刺头"型员工

任何团队中都有些这样的人，他们个性鲜明、桀骜不驯、难以掌控，喜欢按照自己的方式行事，在自己的领域内出类拔萃，但往往不顾及团队的合作，这样的人

常被称为"刺头",最令班组长头痛。

这些恃才傲物的"刺头",无视团队的共同努力,是分裂团队的主要因素,这些聪明的、抱持个人主义,但却不合群的"刺头"的存在,严重打击团队的互助合作精神,他们我行我素,但是其优异的个人表现,常会成为他们逃避责任的护身符,甚至获得上一级管理者的欣赏,使你无可奈何。

如果说应对"吊儿郎当"的员工主要是以批评甚至处罚为主的话,那么对"刺头"则需要应用更多的激励手段了。

1. 以德服人,以才服人

这是对身为班组长的个人能力的一个挑战,也是树立威信的大好机会,在动用此招前,你可得掂量掂量自己的分量,够秤才好应战。

以德服人,考验的是身为班组长的你的胸怀,好的管理者,不一定是身怀绝技的人,但成功的管理者,一定是心胸开阔的人,如果你不能容纳超过你的下属,不能肯定下属的成绩、尊重下属的劳动、宽容下属的无心之失、赞扬下属的过人之处,你的"仕途"也就到此为止了。

以才服人,也就适当的时候露两手给他(她)瞧瞧,告诉他(她)你能够做到班长,就因为你有那么几下子!

2. 令其坐冷板凳

即利用团队的力量,让其成为团队中"不受欢迎的人",让他(她)体味到在团队得不到支持与配合时的窘境。

下次当他(她)再有所动作时,可试着改变策略,视而不见,让员工诉说因他(她)的不合作造成的不便、困扰和麻烦。相信他(她)会因着自己被团队抛弃时被孤立而得不到协作时的苦恼,终会心有所动,有所改变的。

记住,有缺点、有个性的员工是班组的宝贝,把对他们的冲突管理看成是对自己的考验,只要你能很好地处理各种不同的员工的不合作,你的管理水平自然会大上一个台阶。

3. 以其人之道还治其人之身

这必须建立在对此员工的充分了解的基础上。

(1)以恶治恶。某员工的工作极尽勤勉,交给他(她)的工作不用跟催,都能完成得很好,就是态度恶声恶气,谁的账都不买,与之工作有联系的人都怕同他(她)打交道。这时可将其特意安排在一个以严厉著称的小组长之下,并安排另一个同样态度粗暴的人与其搭档,利用员工之间的摩擦来制服或点醒。

(2)以懒治懒。有的员工技能很好,但就是爱偷懒。不如将两个懒人编在一组,规定各项硬性指标，工资如能配合计件更好，让他们互相监督，互相跟催，完不成任务，两人都要受罚，不用你多操心，肯定变勤快。

（3）以能制能。你能是吧，总会有人比你更能，但不是每个能人都是"刺头"。因此，调另外一更有能力的来管制你，你会的，他（她）都会；你能的，他（她）也能；你不能做到的，比如更合作、更主动，他（她）也能做到，那你还有什么话说？

上述手段，只要适宜对路，一般都能用其所长，克其所短，可以不用出面，就化解了可能存在的与你正面的冲突。

二、如何应对喜欢"顶牛"的员工

喜欢"顶牛"的员工很有个人原则，是一种不轻易接受失败的人。这种人个性很强，有自己独立的见解，他们性格直爽坦诚，说话从不拐弯抹角，性格耿直。这种性格耿直的硬汉型员工，很能发挥鲶鱼的作用，是典型的"鲶鱼人才"。不过，正是他们的这种耿直性格，同事们不太喜欢，上级也颇感头痛。

1. "顶牛"型员工的缺点

"顶牛"型员工一般不讨班组长喜欢，因为他（她）爱当面提意见，并且毫不含蓄，批评班组长也不避讳，常使班组长感到难堪。

2. "顶牛"型员工优点

"顶牛"型员工在工作上很有个人原则，从不轻易接受失败。这种人个性很强，有自己独立的见解，他们性格直爽、坦诚，说话从不拐弯抹角。头脑清晰，思维敏捷，遇事果断。他（她）从不会被困难吓倒，他们不会因一时的挫折而情绪低落，一蹶不振。他们从不会被困难所吓倒，往往具有"明知山有虎，偏向虎山行"的精神，而且相信人能征服一切艰难险阻。

这种人的优点很多，但在班组内的日子并不好过，那些懒散的员工憎恨他（她），那些无才无学的人妒忌他（她），那些阿谀奉承上级的人疏远他（她），使其孤立无援。

3. "顶牛"型员工的应对技巧

对于喜欢"顶牛"的员工，开发得当，对班组的工作非常有用。卓越的班组长不但会用这种人才，还会栽培改造他（她），给他（她）一些私人辅导，使他（她）在待人接物、应对人际关系时掌握一定的技巧。对于那些有才识但性格耿直的"硬汉子"，成功的班组长是不会计较他（她）的出言不逊的，因为他（她）这种班组员工的才识，才是他（她）最器重的难得一求的"千里马"。班组长不但要学会巧妙利用这种人才，还应该给他一些人际关系上的辅导，使他们掌握一定的人际关系技能。

三、如何应对喜欢刁难你的员工

当你成为班组长后，当初在一条生产线上共患难的同事，如今变成了上下级关系。看着你的升迁，有些原来的同事会因种种原因刁难你，碍于情面，你会不知如何应对这种情况，但为了班组任务的完成，你又不得不采取一些必要措施。如何应对这类员工呢？

通常来说，旧同事的刁难，主要是嫉妒心理作祟的缘故，并无实质性的利益冲突，一般的表现为不搭理、不配合、不理睬。这时完全取决于你的心态和处事方式，处理得好，你的前路将越来越宽；反之，你将只能越来越举步维艰。

总体来说，这种刁难，不是太恶意的，对于这种不太严重的冲突，怎么办？最好的方法是回避，回避不是置之不理，回避是指不正面冲突，而是侧面去融化和消解，因为有更多的眼睛在注视着事态的发展。

1. 应对昔日竞争对手的技巧

出现这种现象时，班组长需要有3种心理准备：自信、大度和区别对待。

对于昔日的竞争对手，最要紧的是让他感觉到挣回了"面子"。因此，切记"宜软不宜硬"，对他的敌意和怠慢不以为意，反而更加以谦虚的态度、尊重的语气，向他委派任务，下达指令，临了说一句"这种问题，你是最拿手的了，全靠你了"，效果一定不会差。让他感觉到你的真诚，是对他失意心情的最大安慰了。退一万步讲，万一他不领情，你也赢尽了印象分，即使你处分他，支持率也会上升。

最忌的就是以硬制硬，还以颜色，逞一时意气之争，认为自己现在作为一个上级尊严是多么重要，而他作为一名员工是多么渺小，"还以为我是从前的我，不给他点厉害看看，都不知道自己姓什么"，然后用手中的权力去处罚他。也许你一时赢了一口气，但你可能输掉了所有的支持和同情（如果本来是员工无理取闹），更有甚者，如果上级不支持你的做法，那么你连下来的台阶也找不着了。

2. 应对昔日好友的技巧

升任班组长后，无论你如何地平易或亲和，终会有一天必须以工作关系相对，所以自你上任的第一天起，就做好失掉旧时好友的准备吧。

昔日好友为何会故意刁难呢？除了嫉妒心理外，还有就是有人为避免沾你的光的嫌疑，从而有意地拉开距离，反应激烈的就会以"故意刁难"来表明立场，与你"划清界限"，这便是旧同事刁难的第二大原因。

对待这类员工，既然他刻意与你保持距离，你只要记住"一视同仁、公平公正"

的原则就对了，反正他要的就是这效果。如果不能，就不偏不倚，就事论事，一定不对他格外施惠就是了。

这时应用的处理冲突的对策如下。

① 可选择回避，不理睬、不处理，当刁难仅是冲着你个人来时，回避可显示你的气量。

② 采用强制办法，当刁难损害到你工作的业绩时，必须严肃处理。

四、如何应对"吊儿郎当"的员工

在班组你会经常见到这样的一些人：他们在班组工作一般超过2年，平时是大错不犯，小错不断，从不在你表扬的名单里出现，也不足以充当你的反面教材，管理起来比较的头痛。

这种吊儿郎当的员工也有其优缺点。

① 优点是通常大多掌握某一项技能，对本职工作熟练。

② 缺点是这类人一方面自恃有两手，另一方面又升迁无望，前途暗淡，故而态度消极，心不在焉，凡事无所谓，而且特别地，他们通常因资格老，是不会将新上任的班组长放在眼里的。

这种不冷不热、吊儿郎当，其实是一种自卫和赌气的心理过程。"反正我就这样，你能把我怎么样？"但是，他们也不会轻易以身试法。

对于这样的员工，班组长要掌握好底线：只要不会影响工作的最终成果，就什么措施也不需要采取。你的任务是完成工作，管理员工只是完成工作的手段而已。

1. 给予足够的尊重与关注

他们作为问题员工已被忽视了很久，而且他（她）相信你一定已经从前任那里知道了他（她）的作为。所以，他（她）一定是戒备地试探着，或一味地冷漠着，等待你来打开那心底的坚冰。冰冻三尺、非一日之寒，不要期望你一两次就能成功，一定要坚持下去。

这种尊重和关注，应着重在他（她）的优势方面，如作业技巧、熟练程度等等，给他（她）机会成为实操的培训示范者，甚至是技能讲师等，把他（她）从抗拒的观众变成台上的演员主角，人一旦愿意站在众人目光之中，他（她）一定会不由自主地把自己变成众人心目期望的那一种人。

另外，有时员工表现得吊儿郎当，其实也表明他或她希望得到别人的重视与关注。要记住对他们的成绩予以肯定，与他们相处要平等和诚恳。

2. 恩威并施

但是，为了防止他（她）故态复萌，你应该趁热打铁，明确地告诉他（她）你的要求和期望，恩威并施，彻底地收服他（她）的心，这才是想要的结果。

3. 相应的处罚

当然，总会有少数员工软硬不吃，我行我素。这时候，你应当黑下脸来，坚决制止相关行为："老刘，这一段时间，你的进步不大，5S 评比你排到最后，迟到次数也是数一数二，我不能容忍这种情况再持续下去了。如果情况还没有改善，我必须要严厉地处罚了。"

4. 调离岗位

如果警告和处罚都无济于事，你还有一个选择，就是：调离原岗位。

这些员工之所以吊儿郎当，正是因为岗位技能的熟练掌握或应用，你一旦将他（她）调离所擅长的领域，他（她）又得去适应新的变化，学习新的技能，根本没有原先的能耐，其工作态度必然会大为改观。

让他（她）离开，是最不得已的下策。我们一般不希望用到这一招。你想，如果这次你没有处理得让大家心服口服，那么下次还会有这样的事情发生，如果次次有这样的事情发生，你都让他（她）们离开吗？

五、如何应对自以为是的员工

在每一个企业团队中都会有个别自以为是、比较难管的员工，在他们身上，有以下共同特点。

① 首先他们都有一定的工作能力和经验，有一定的工作资历，在团队中的成绩不是最好的，但也绝不是最差的。

② 这些人在小范围内具有一定的号召力和影响力，有一定的群众基础，恃才自傲。

③ 经常和上级公开顶嘴，反对一些新的计划和制度，甚至散布一些消极思想和言论，起到极为不好的负面影响作用，但绝不是有意识的，而是性格使然。

④ 爱表现自己，自由散漫，眼高手低，不拘小节，讲义气，认人不认制度。

1. 自以为是型员工的特点

（1）缺点。有些人天生活跃，性格开朗乐观、大胆，敢于打破常规，认为天下没有不可能的事。但他们又喜欢以自我为中心，不喜欢别人的劝告，总以为自己的方法永远是正确的。这种人发展到极端就是个人崇拜主义，爱犯的错误就是极端冒险主义。他们往往只注意到自己，而不顾及他人感受，因而极易引起大家的不满和反对。

（2）优点。这种人在工作上对自己充满信心，对所有的事情都采取攻势。对新东西尤其感兴趣，并且总要探个究竟。他们相信自己的一切能力，他们会认为主宰自己命运的就是自己。

2. 自以为是型员工产生的原因

团队中出现这样的员工，产生的原因有以下几点。

① 前任或前几任领导一再迁就，任其骄横。养成了习惯。

② 企业越级管理现象严重，高层领导对其有重用之意，让其像有了"尚方宝剑"一样，目空一切。

③ 企业经营不善，这类员工自认为属中流砥柱一类，没人敢动自己。

④ 团队氛围不佳，钩心斗角现象严重。派系复杂。管理不公，处于人治而非法制阶段。

⑤ 曾经当过"领导"，现在"下野"了，但却不能客观认识到自己的不足，对处理心存意见，心中不服，认为升职无望，不求上进，破罐子破摔。

3. 自以为是型员工的应对技巧

作为领导，尤其是新上任领导，如果你遇到这样的员工，就像一个烫手的山芋，开了可惜，也可能会影响到大家的积极性，可不开吧，他又经常让你难堪，影响你工作的开展和管理，怎么办呢?有没有办法让这样的员工发挥积极的正面带头作用?

（1）正确认识这类员工。如果你的团队中有这样的员工，首先要有正确的认识：

① 这样的员工是完全可以扭转过来的，并不是要非开不可。或者一无是处，用得好，他们可以起到积极的带动作用，并身体力行，甚至激发团队斗志。

② 要有容人之心，有时候适当的阻力是防止犯大错的预防剂。一个团队，一个集体，不能一潭死水，不能没有一点不同的声音出现，这种声音，既要有正面的响应声音，也应该有负面的反对声音，否则就只会是一言堂，像那种振臂一呼，万众齐应的局面，就会像"大跃进""文化大革命"一样，犯下大错误。正面的响应支持声音可以激励大家的积极性，提高士气，负面的反对声音可以让你冷静下来，避免极端个人主义思想。但绝不能让难管的员工肆无忌惮，若你对他一点办法都没有，让他骑在领导的头上，那么你的威信自然就会受到影响，工作成绩也会大打折扣。适当的时候必须要给他们念一念"紧箍咒"，让他始终处于你的管控之下，然后慢慢引导、交心，促其发展和进展。只有这样，才能让其归服你管，为你所用。

（2）处理方法。如果遭遇此类员工，但在经过一段时间的"较量"后，都能被顺利引入正途，并和睦相处。这类员工，服人不服制度，但敢于认输，只要你留足了面子给他，让他心服于你，则用起来尽管可以放心。在具体的"对阵"过程中，以下几种办法可以参考使用。

① 冷落处理法。在一定的时间范围（小集体可能五到十天，大集体可能会久

点。但不要超过一个月）内，尤其是在工作很忙，任务很重，所有集体成员都忙得不亦乐乎的情况下，对其不闻不问，也不分派任何工作，让他自己去冷静、思过，直到他实在忍不住找你来谈话时，就可以了，主动权就掌握在你的手中了，然后很热情地接待，陈述问题，用换位思考的方法和其沟通，让其认识到自己的不足，主动提出合作方案。

② 打赌收服法。瞅准一个机会，在公共场合，当其再一次公开给你难堪时，或者说什么不可能时，突然发难，反将其一军，变被动为主动，和他打赌，现场约定，赢，怎么办？输，怎么办？赌注内容要以工作为中心，赌的内容就是其认为"不可能"（其实并非不可能，只是有一定难度）的事情。当然，作为领导，在选择赌的事情的时候，自己心里一定要有必胜的把握。然后做出样子给他看，让他无话可说，乖乖的服从你的管理。

③ 给他树敌法。这类员工，一般属于典型的"负面"代表，在一个集体中要平衡力量，而不能是一边倒。所以作为领导，你就有必要给其树立一个"正面"的代表，让二者相互较劲，而你只要从中调和、平衡力量，让他们两个人去表演，而你就可以稳坐中军帐了。这一点，大家完全可以参考纪晓岚与和珅，而乾隆又是如何用他们两个人的？

④ 批评打压法。从集体中找一个平时很不受大家关注，但一直默默无闻、踏实努力工作的员工，私下帮助其出成绩，不断发现其态度上的闪光点，在公开场合多次进行表彰奖励，同时不指名点姓的批评自以为是型员工的行为和做法，先把其嚣张气焰压下去，并给自己找到一个（群）合适的理由和支持者，让大家看到你的公平、公正，然后静观其变，在其有一点点积极改进的时候，及时表扬，慢慢让其归顺你的管理。

⑤ 交换承诺法。自以为是型员工，一般都比较讲信用，讲义气，只要你有机会和其成为朋友，那么他一定会对你百依百顺，并且赴汤蹈火，在所不辞。这个方法一般要经过二到三步来完成，第一步先取得其对你的好感。比如在其有难时，主动、无私给予帮助，第二步再找机会进一步加深了解，增进感情，但适可而止即可，不可让其对你摸得太透，了解太多。第三步就可以主动约其谈心、谈工作，坦陈协助其成长，前提是他一定要好好表现努力，但你的承诺到时也一定兑现。这类人一般认为怀才不遇或不得志，在谈的过程中，先要表扬其优点和长处，然后痛陈其缺点和不足，再提出解决办法，最后鼓励，这也是常用的"三明治"法。

⑥ 集体剥离法。如前所述，这类员工，一般都有一定的影响力，代表了某一群有消极思想的人的意见，只不过他是一个敢于说出来的人罢了。这种思想，不能让其在集体中蔓延和扩大，所以可以采取以他为首，进行集体隔离，从大集体中剥离出来，让其领导和管理，但对他要提出一些要求，给予一定的权利和承诺，满足

他当官的愿望，让其带动这一部分人创造积极的局面。

通过以上做法，相信一定可以收到比较好的效果，解决管理中常见的头痛问题。当然，如果还没有见效，就只有"忍痛割爱"了，开了他。总之，这类员工还是有一定能力，是可以为集体创造效益和价值的，而不是一无是处，管理中不是有一句名言："永远没有不好的员工，只有不好的领导"吗？

六、如何应对工作情绪不稳定的员工

工作情绪不稳定这种问题在员工中最为普遍。有员工素质的内因，也有管理不当的外因。工作情绪不稳定，员工自己会苦恼，班组长管理难度会增大，需要正确对待。

1. 情绪不稳定型员工的缺点

（1）工作情绪不稳定，忽冷忽热。"热"起来埋头苦干，废寝忘食，成绩也非常出色；但"冷"起来，又散漫松懈，毫无斗志。

（2）视工作为磨难，在工作中感受不到乐趣。但这类员工不会轻易丢开工作，因为工作是他（她）谋生的手段。他们往往没有吃苦精神，没有挑战困难的勇气，而对享受垂涎三尺，并精通"玩术"，凡能使他（她）得到乐趣的地方，都会不惜代价，亲自去体验一番。

2. 情绪不稳定型员工的优点

工作情绪不稳定的员工也有他（她）的优点，例如性格开朗，惹人喜爱，并且重感情，善交际。

3. 情绪不稳定型员工的应对技巧

这种人并非无用之才，如能量体裁衣，给他（她）选择一种适合他（她）的岗位，挖掘他（她）的潜力，他（她）能够做出成绩。

七、如何应对爱打"小报告"的员工

爱打"小报告"的员工并不多，但几年班组长当下来，你总会碰到那么一两个。通常这种员工很让班组其他成员所鄙视。但有些班组长似乎也会欣赏这种员工。

对待这类员工班组长要谨慎小心，有时，员工的"小报告"能够提供很多班组长没能掌握的信息；有时，员工的"小报告"会造成整个班组人际关系的紧张。

对于爱打别人的"小报告"的员工，处理要点有三个。

1. 给予冷处理

对这种员工的处理的原则与要点首先是以冷处理为主，即以不冷不热的态度对待该员工，让他（她）最终明白你的立场与想法是不喜欢打小报告的人，逐渐改掉这种爱打"小报告"的毛病。

2. 调整管理理念与风格

班组长要适当调整自己的管理理念和风格，慎重处理所收集的信息，千万注意不能偏听偏信，要在班组内创造融洽和谐的工作气氛，减少员工们彼此之间的矛盾与摩擦。

3. 善加利用

班组长可以适当地利用这种员工喜欢传播的性格，他（她）不是喜欢传播小道消息吗，你就干脆以小道消息的方式让他（她）帮你传播一些"正道"信息，一则满足他（她）的嗜好，二则为正式方案的出台预演和过渡。

八、如何应对勤奋而低效率的员工

勤奋就是认认真真，努力干好一件事情，不怕吃苦，踏实工作。然而，有的员工，勤奋而低效。这些人非常勤奋地工作，仿佛时间从来都不够用一样，上班时最早到班组，而下班时别人都走了，他们还埋头工作，不知疲倦，丝毫不敢稍许怠慢。但检查起他们的工作效率时，却令人吃惊，他们的工作效率极低。

1. 勤奋而低效率型员工的优点

勤奋而低效率的员工，往往非常热爱自己的工作，视工作为生命，视工作为乐趣。他们不管工作成绩如何，因为工作过程本身已经给了他们很大乐趣。

这类人一般不爱搬弄是非，也不爱出风头，他们总是一心一意埋头自己的工作，对于工作以外的其他事绝不多问。在他们心中，把工作做好便是至高无上的目标，其他的问题一概不管。

2. 勤奋低效型员工的应对技巧

一看到技术很差的员工，有些班组长就想到淘汰、解雇他们。其实，这往往不是上策。因为技术差只是一种表象，应当根据其原因区别对待。

（1）要教会他们操作技术要领。具体方法如下。

① 讲给他听：听懂原理、要点。
② 做给他看：示范操作。
③ 让他试做：指导动手操作。
④ 帮他确认：检查试做结果，给予矫正。
⑤ 给他表扬：适当鼓励一下。

（2）分清情况区别对待。对于低效员工，要帮助他们分析低效的原因，并教导他们有意识地去改变自己。

① 对于那些屡次表现差劲的人，要把他们调到比较艰苦的岗位上去，增加压力，知耻而后勇。

② 对于虽然表现差劲但却好学而上进的人，要提供足够的培训机会，争取提高水平。

③ 对于既表现差劲，又吊儿郎当的人，要用制度严加管理。

④ 对于那些一向自命不凡的人，则要坚决扫地出门。

⑤ 对于兢兢业业、废寝忘食地工作的，应多给予表彰，从物质上给予奖励，从精神上给予鼓励。

⑥ 对于实在没办法提高而又老老实实做事的员工，把他们安置做一些繁琐但又不是特别关键的工作。

第四章
学会有效沟通，建立良好关系

班组长做的每一件事情都是在沟通。"沟通、采纳意见、愿意倾听"是班组长博得众人尊重的最重要的一个特质。要成为真正受人尊重的班组长，就要多花些时间、精力，学习和增强你与人沟通的态度、能力和方法。

除此，班组长要做好上传下达工作，搭好基层员工与管理层的桥梁；学会处理人际关系，使大家和谐相处，以便于工作的顺利开展。

第一节 怎么进行沟通协调

一、与下属沟通的3大基本原则

班组长要想成为成功的管理者，获得更大的进步，就必须了解与下属沟通的一些基本原则。

1. 维护自尊，加强自信

自信就是"对自己感到满意"，通常对自己有信心的人都会表现得有毅力、能干而且易于与人合作。他们较乐意去解决问题、研究各种可行的方法、勇于面对挑战。

班组长要维护员工的自尊，小心避免损害员工，尤其在讨论问题时，只对事而不对人，便可维护员工的自尊。赞赏员工的意见、表示对他们能力充满信心、把他们看作能干的独立个体，这些都可以加强员工的自信。

2. 细心倾听，认真处理

倾听是打开双方沟通的关键所在。聆听表示了解员工感觉，能使员工知道你体会到他的处境。在细心倾听之余，再表示关怀体谅。你就可以开启沟通之门。

班组长要让员工知道，你正在专心聆听，同时也明白员工说话的内容和员工的感觉，使员工愿意表达内心的感觉，对于解决困难有很大的帮助。

3. 请求员工帮助你解决问题

现在的员工都有熟练的技巧，而且一般都很热心地把一己之长贡献给群体，事实上，他们对本身工作的认识，比任何人都清楚。因此，要求员工帮助解决问题，不单可以有效地运用宝贵的资源，而且可以营造一起合作、共同参与的气氛。但是，并非所有的意见都可行，如果真的不可行，要对员工加以解释，并请员工提出其他方法。当下属或组员同意把构思付诸实行时，你应该加以支持，并随时提供协助。

二、班组长上下沟通的要点

1. 与上级的沟通

① 支持：尽责，尤其在上级的弱项处予以支持。
② 执行指令：聆听、询问、响应。
③ 了解下属情况：定期工作汇报，自我严格管理。
④ 为领导分忧：理解上级、勇挑重担、提出建议。
⑤ 提供信息：及时给予反馈、工作汇报、沟通信息。

2. 与下属沟通

① 关心：主动询问、关怀、了解困难和需要。
② 支持：帮助解决问题、给予认可、信任，给予精神、物质帮助。
③ 指导：诱导、反馈、考核、在职培训、辅导。
④ 理解：倾听、让下属倾诉。
⑤ 重视：授权、信任、尊重、认可。
⑥ 得到指示：清楚的指令、不多头领导、健全沟通渠道。
⑦ 及时的反馈：定期给出部署工作上的反馈。
⑧ 给予协调：沟通、调解、解决冲突。

3. 与同级沟通

① 尊重：多倾听对方意见，重视对方意见，不要背后议论。
② 合作：主动提供信息，沟通本部情况。
③ 帮助：给予支持。
④ 理解：宽容、豁达。

三、班组长与员工沟通的技巧

1. 了解下属的类型

在不同的情况下，班组长要面对各种各样的下属。

① 班组长年轻，而小组成员都是资深的老员工。
② 小组的组员来源不同，时常有冲突。

③ 小组成员没有工作的积极性和热情。

你有没有遇到过以上的情况呢?在日常与人交往中,你有没有遇到类似的挑战呢?你在不同的情况下与不同的人一起工作,遇到挑战时,最重要的是要耐心地去了解员工的想法。如果你对其他员工一无所知,那怎么可能做好沟通呢?

2. 了解员工的一般心理

班组长必须了解部下的一般心理,才能更好地与员工进行沟通,把握沟通的重点。员工的一般心理如下。

① 谁都想支配自己的行为,不想被人像木偶一样任意操纵。
② 希望班组长客观评价自己的能力,如果知道班组长对自己有所期待,愿意全力以赴。
③ 想回避被人强制、糊弄的事情,希望班组长听取自己的意见。
④ 自己所做的事不想被人轻视、耻笑或当作笑柄。

3. 认真倾听与控制技巧

"沟通、采纳意见、愿意倾听"是班组长博得众人尊重的最重要的一个特质。

(1)倾听技巧。倾听能鼓励他人倾吐他们的状况与问题,而这种方法能协助他们找出解决问题的方法。倾听技巧是有效影响力的重要关键,而它需要相当的耐心与全神贯注。

倾听技巧由4个个体技巧组成,分别是鼓励、询问、反应与复述。
① 鼓励:促进对方表达的意愿。
② 询问:以探索方式获得更多对方的信息资料。
③ 反应:告诉对方你在听,同时确定完全了解对方的意思。
④ 复述:用于讨论结束时,确定没有误解对方的意思。

当然,对于一线员工来说,由于素质层次不一,与他们的沟通倾听本身是远远不够的,班组长要以一种能让员工切实感受到你真的在倾听的方式去倾听。这里有一些基本的要点。

① 关注。
② 了解他们的想法。
③ 对他们的想法做出回应。
④ 感谢他们的想法。
⑤ 让员工存有希望。
⑥ 做出回应。

另外向员工提出问题,然后耐心聆听,可使双方的沟通更加有效。当然,你必须诚恳、耐心地发问、聆听和观察。

（2）气氛控制技巧。安全而和谐的气氛，能使对方更愿意沟通，如果沟通双方彼此猜忌、批评或恶意中伤，将使气氛紧张、冲突，加速彼此心里设防，使沟通中断或无效。

气氛控制技巧由4个个体技巧所组成，分别是联合、参与、依赖与觉察。

① 联合：以兴趣、价值、需求和目标等强调双方所共有的事务，造成和谐的气氛而达到沟通的效果。

② 参与：激发对方的投入态度，创造一种热忱，使目标更快完成，并为随后进行的推动创造积极气氛。

③ 依赖：创造安全的情境，提高对方的安全感，而接纳对方的感受、态度与价值等。

④ 觉察：将潜在"爆炸性"或高度冲突状况予以化解，避免讨论演变为负面或破坏性。

（3）推动技巧。推动技巧是用来影响他人的行为。有效运用推动技巧，在于以明白具体的积极态度，让对方在毫无怀疑的情况下接受你的意见，并觉得受到激励，想完成工作。

推动技巧由4个个体技巧所组成，分别是回馈、提议、推论与增强。

① 回馈：让对方了解你对其行为的感受，这些回馈对人们改变行为或维持适当行为是相当重要的，尤其是提供回馈时，要以清晰具体而非侵犯的态度提出。

② 提议：将自己的意见具体明确地表达出来，让对方能了解自己的行动方向与目的。

③ 推论：使讨论具有进展性，整理谈话内容，并以此为基础，为讨论目的延伸而锁定目标。

④ 增强：利用增强对方出现的正向行为（符合沟通意图的行为）来影响他人，也就是利用增强来激励他人做你想要他们做的事。

使用上列及其他沟通技巧，对于使班组长成为一位成功的管理人员，是十分重要的因素。这些技巧可以更快捷地解决问题、把握机会、建立一个群策群力、生产力高的小组。

4. 与下属沟通的注意事项

在与部下打交道时，作为班组长要不恼怒、不苛求、不偏袒，要有主动姿态。实际工作时要注意以下事项。

（1）率先表明自己的态度和做法。当有难题要应付时，部下都盯着班组长，如不及时阐明态度和做法（哪怕是错误的），部下会认为班组长很无能。同样，要想和部下打成一片，必须先放下"架子"，不要高高在上，要有适宜的言行举止。

（2）批人不揭"皮"。现场人多，即使部下做得不对，如果当着大家的面训斥部下，会深深挫伤其自尊心，认为你不再信任他，从而产生极大的抵触情绪。记住，夸奖要在人多的场合，批评要单独谈话，尤其是点名道姓的训斥，更要尽量避免。

（3）交流时间短而多。频繁短时间接触部下，部下更容易感到亲近，更容易知道你在注意他、关心他。

（4）要想人服，先让人言。纵使说服的理由有一百条，也别忘了让员工先说完自己的看法，不要连听都不听，不听等于取消别人的发言权，是不信任的最直接表现。

（5）必须诚实。诚实对待的方式可以淘汰很多不合理的想法。因为无需担心后果，员工之间、员工与班组长之间可以自由地交流真实的想法。

沟通以诚实为基准的好处是，当人们在交流中遇到某种障碍时，企业就鼓励他们越过障碍进行真正畅通的交流，这种交流不仅是好主意产生的方式，也是让员工干劲十足、全身心投入工作的有效推动力。

（6）双向沟通。在信息时代，一线基层员工也是信息链上重要的环节。当员工得不到应有的信息时，他们便会产生一种自己被排斥在外的感觉。这就像员工提建议而得不到班组长的回应时，员工会觉得自己被忽视，自己的能力被低估，自己对企业无足轻重一样。这样，他们就不会将大量的时间和精力花在如何实现班组的目标上，而会花在其他的消遣上。

（7）更多地了解员工。花更多的时间，用于了解员工。

第二节　如何正确上传下达

一、如何准确发出专业指示

班组长每天都得给作业人员发出各种各样的指示，通过指示与员工进行交流。这是班组长与员工沟通交流中最重要的工作之一。

为确保班组生产目标的完成，班组长必须给员工发出清晰、明确的工作指示。

1. 无效指示的后果

有的班组长时常发出这样的指示。

"小心看看来料有没有不良，要是有，统统给我挑出来！"

"为了提高品质，我们要全力以赴！"

"做完以后一定要自检一下！"

"凡是有异常的，一个也不要放过！"等等。

收到这样的指示，作业人员真的会按照指示去做吗？真的能达到要求吗？肯定不会，为什么呢？因为他（她）没有"听懂"指示的真正含义。

要看什么来料的哪种不良？要怎么做才算是全力以赴？自检要检什么内容？从指示里听不出来，可又不能当面拒绝班组长的指示，所以很多作业人员只好按自己的理解去执行。因此做出来的结果往往不完全符合要求，或不得要领。体恤部下的班组长，会再指示一遍，而急躁的班组长，则会迁怒于部下，认为部下的理解能力、办事能力欠佳。而事实上，其根源皆因指示本身过于抽象，作业人员无法理解具体要做的内容。

要是以同样的口吻给新进人员下指示，新进人员会怎么做呢？恐怕连做都不去做！

这个责任不在于指示接收方，而在于指示发出方。无具体内容的想做又不敢做，听了比没听更糟。没有具体内容的指示，使部下无所适从，要么不去做，要么靠自己的想象发挥来做，必然导致作业结果出现偏差。

不做比"不懂照做"要好，不做是在等待更明确的指示，除了时间上延误之外，至少不会酿成"木已成舟，后悔晚矣"的局面。到时又是维修，又是返工，而有些产品根本无法返工或返工成本过大，则造成的直接经济损失是班组长无法承受的。

2. 指示准确发出与接收的要素

若是对作业人员下达下面这样的指示：

"明天 A 企业的 B 材料投入前，全数检查 C 飞轮的 D 形槽有无飞刺，飞刺规格参照 QA 设定的样品"；

"为了提高品质，这个月我们要全力研讨 P 零件所引起的不良，首先收集工程内数据"；

"螺钉上紧后，全检上框正面有无伤痕，伤痕规格参照 QA 样品"。

那么，作业人员一听就知道你想叫他们做些什么，而且做完后一定会有结果反馈给你。

换言之，发出的指示里要有 5W1H（何人 Who、何时 When、何事 What、何地 Where、何故 Why、如何 How）方面的具体内容，这样作业人员才知道自己的作业目标值是什么。

（1）要有指示发出者。要求他人达成某一目标，或实施某一做法的人。

（2）要有指示接收者。接受别人要求并加以执行的人。

（3）指示里有具体的情报或含有某一具体意思。情报简明扼要，人、事、物、地点、时间、目标、方法都要包含在内。

（4）要有传递的媒介。如口头谈话、电话、书面通知、托人传递、身体语言等传递媒介。能当面谈话的就不要打电话，能打电话的就不要书面通知（规定文书除外），能书面通知的就不要托人传递。

（5）发出者与接收者在时间上、空间上十分接近。在相隔不远的时间里，将指示用最快的速度传出去。试想一个指示，要是作业人员事后才收到，那就等于马后炮，还不如不下的好！

（6）接收者有接收能力。在要求准确、快速发出指示的同时，接收者的接收能力同样不可缺少。如果部下不具备接收能力，那么第一个要问的还是自己，没有指示接收能力的人怎么成了自己的部下？

其中第（3）和第（6）最容易为班组长所忽视，总是以为作业人员知道整件事的来龙去脉，自己只要简单提示一下，作业人员肯定能理解自己的意图，因此长话短说，甚而一语代之。

3. 作业人员接收指示时应有的心态

① 班组长所讲的内容里，有什么东西对自己是重要的呢？有关加薪、升迁方面的指示固然重要，但能够调动积极性的指示，部下也爱听。

② 哪些项目对自己有影响？有什么影响？尤其是需要几个部下相互协调配合作业的部分，更要指示清楚各自的担当职责。

③ 自己是不是要百分百地认真接收？不接收会怎样？平时就要灌输班组长的指示必须百分百接收和执行的思想。

④ 班组长能否听取自己的反对意见呢？

不要害怕部下提不同的反对意见，多一分反对就多一分思考，就多一分成功的机会。

⑤ 会不会是班组长对自己有偏见，故意让自己这么做的呢？一碗水都端不平的班组长最终必然失去绝大多数人的支持。

⑥ 如果执行了，对自己有什么好处呢？要求部下完成高难项目时，要把奖励和处罚都说清楚，部下自会竭尽全力拼搏。

班组长在下达命令和指示时，要尽量打消作业人员心中的这些疑团，把指示说明白、说透彻，要不然，你的指示作业人员还是听不"懂"。

二、如何准确地上传下达

1. 如何对班组成员下达各项指令

命令的目的是让下属照您的意图完成特定的行为或工作。

其中下达命令需注意下列几点——5W2H，也就是：（1）Who（对象）；（2）What（任务内容）；（3）When（何时完成）；（4）Where（地点）；（5）Howmany（数量）；（6）How（如何做）；（7）Why（做这任务的原因）。

另外，在下达命令时，还需要考虑下属的意愿与能力，来决定下达的命令与对下属支持度的强弱性。下达命令，口令清楚是基本要件，所以要因人因事因地制宜的给予指令，以便达到最好的效益。

2. 如何向上级反映员工意见

班组长是上下级沟通的桥梁，做到"下情上达""上令下行"是非常重要的工作。

（1）注意形式并提出建议。向上级反映班组员工的意见前，班组长应该将事项整理一遍，最好采取书面报告的形式。重要的是不可就事论事，应该附上自己的看法及建议，因为上级的工作比较忙，面对的人员比较广，如果根据你的意见做决策，时间上会更迅捷，同时也可以防止错漏。

（2）不能仅做"传声筒"。作为一名管理人员，班组长不能仅仅以一个"传声筒"的身份工作，这是远远不够的。班组长对员工提出的意见和看法，如果自己能够解决的一定要当场解决处理，只在事后向上级做报告。班组长不能把所有的事情都不做处理而原封不动地搬给上级，这不但会增加上级的管理负担，而且会让上级觉得你很无能。

三、如何做到上令下行

向员工传达执行上面的精神和决议是属于"上令下行"范畴的工作，如何做好这项工作也是考验班组长沟通能力的关键所在。

1. 充分理解上级决议

班组长不能只是把通知往班组告示栏一贴或者在班会上无关痛痒地讲几句就完事，首先，班组长必须对决议要有充分的理解。在此基础上，再把决议的目的、要求以及执行的方法向员工做出具体说明。

如果班组长都没能了解透彻，那么员工该如何执行，是否达到要求等都无法判断评价，万一做错了，事情就更加糟糕了。

2. 跟踪并解决问题

班组长不能只是将工作安排下去了就等结果，工作进度的跟踪是必要的。在此过程，班组长要不时地和员工进行沟通交流，关注工作的执行情况，解决工作中碰到的各种问题。

3. 做好向员工的疏通、解释工作

上级的很多决议都会让员工不舒服，比如说推迟下班时间、休息日加班等，这时员工们闹情绪是在所难免的。但是，作为管理人员不应该把自己的情绪表现出来，火上浇油。要针对决议的内容耐心向员工说服解释，安抚人心，保证班组生产任务的正常进行。在这一点上。应该坚决站在上级的立场上。

4. 及时地沟通反馈

上级的决议下达后，应该将执行过程、结果即时反馈。对于一些反响比较大，可能造成严重后果（职工罢工、破坏、人员流失）的事项，更要及时报告，寻求有效的对策。

第三节 如何建立良好的人际关系

一、如何创造良好的人际氛围

人是环境中最重要的因素，良好的工作氛围是由人创造的。

1. 良好人际氛围的特征

良好的人际氛围是自由、真诚和平等的工作氛围，就是在员工对自身工作满意的基础上，与同事、班组长之间融洽相处，相互认可，有集体认同感，充分发挥团队合作精神，共同达成工作目标，在工作中共同实现人生价值的氛围。在这种氛围里，每个员工在得到他人认同的同时，都能积极地贡献自己的力量，在工作中能够随时灵活方便地调整工作方式，产生更高的效率。

2. 如何创建令人愉快的人际氛围

（1）明确岗位分工。班组岗位之间的合作是否顺利是工作氛围好坏的一个重要标志，明确的分工才能有良好的合作。各岗位职责明确、权力明确，并不意味着互不关联。

职务分工仅仅是说工作程序是由谁来具体执行的，如此才不会有互相推诿等影响工作氛围的情况发生。

（2）通过落实企业文化来营造人际氛围。从企业文化着手，提高员工的工作激情，营造一个相互帮助、相互理解、相互激励、相互关心的工作氛围，从而稳定工作情绪，激发工作热情，形成一个共同的工作价值观，进而产生合力，从而达成组织目标。

（3）做好班组内部沟通。真诚、平等的内部沟通是创造和谐工作氛围的基础。企业内部绝对不允许有官僚作风的存在，职务只代表分工不同，只是对事的权责划分，应该鼓励不同资历、级别的员工之间的互相信任、互相帮助和互相尊重。每一个员工都有充分表达意见和建议的权利，能够对任何人提出他的想法，主动地进行沟通，被沟通方也应该积极主动地予以配合、回答或解释，但沟通的原则应是就事论事，绝不能牵扯到其他方面。

（4）重视班组团队建设，营造宽松的工作氛围。班组内应该有良好的学习风气，班组长要鼓励和带领团队成员加强学习先进的技术和经验，在进行工作总结时应该同时进行广泛而有针对性的沟通和交流，不断总结教训，共同分享经验。

二、如何建立信任型人际关系

信任就是共同的目标；信任是平等与协作；信任是发展与创新；信任是开放、自由的工作；信任更是交流的结果。所以，班组长要与员工建立充分的信任。

1. 信任是建立人际关系的根基

一个企业是具有了所有成员相互信赖的氛围之后，才真正地运转起来的。信任，就是共同的目标；信任是平等与协作；信任是发展与创新；信任是开放、自由的工作；信任更是交流的结果。

如果班组面临严重的信任危机，你就会感受到压抑和沉闷。

2. 影响信任的几大障碍

① 价值观之外，组织价值观的缺失。
② 人与人的互相操纵的习惯或欲望。
③ 不进则退，缺乏发展。
④ 压抑的工作气氛，缺乏相互交流的机会。

因此，要建立以信任为基础的良好的人际关系，必须克服这几个障碍的影响。

此外，要建立良好的人际关系，仅凭同事间的彼此信任以及员工对班组长的信赖仍不算完全的信任，还必须包括班组长对员工的信赖，三者缺一就会导致士气低落。

3. 如何培养信任感

（1）表明态度。要表明你既是在为自己的利益而工作，又是在为别人的利益而工作。每个人都关心自己的利益，但是，如果别人认为你利用他们，利用你的权力，利用你所在的组织为你的个人目标服务，而不是为你的团队、部门、组织利益服务，你的信誉就会受到损害。

（2）保护团队。要成为团队的一员，用言语和行动来支持你的工作团队。当团队或团队成员受到外来者攻击时，要坚决维护他们的利益，这样就说明你对你的工作群体是忠诚的。

（3）要开诚布公。人们所不知道的和所知道的都可能导致不信任。如果你开诚布公，就可以带来信心和信任。因此，应该让员工充分了解信息，解释你做出某项决策的原因，对于现存问题则坦诚相告，并充分地展示与之相关的信息。

（4）要公平公正。在进行决策或采取行动之前，先想想别人对决策或行动的客观性与公平性会有什么看法。该奖的就奖，在进行绩效评估时，应当客观公平、不偏不倚。在分配奖励时，应该注意平等性。

（5）要说出你的感觉。那些只是向员工传达冷冰冰的事实的管理人员与团队领导，容易遭到员工的冷漠和疏远。说出你的感觉，别人会认为你是真诚的、有人情味的，他们会借此了解你的为人，从而更加尊敬你。

（6）保持基本价值观的一贯性。一般，不信任来源于不知道自己面对的将是什么。花一定的时间来思考你的价值观和信念，让它们在你的决策过程中一贯地起指引作用。一旦了解了你的主要目的，你的行动相应地就会与目的一致，而你的一贯性能够赢得信任。

（7）替别人要保密。信任那些你可以相信和依赖的人。如果别人告诉你一些秘密，他们必须确信你不会同别人谈论这些秘密，或者说，绝不会泄露这些秘密。如果他们认为，你会把秘密透露给不可靠的人，他们就不会信任你。

（8）要表现出你的才能。表现出你的专业技术才能以及良好的商业意识，能引起别人的仰慕和尊敬。应特别注意培养和表现你的沟通、团队建设和其他人际交往的能力。

三、建立班组良好氛围的8大技巧

1. 不要威胁员工

有些班组长常常使用一种威胁的语气和言语对员工安排工作或谈话。如在安排一件难度较大的工作时常会说："如果你不能按时完成，你就给我走人。""你应当明白你的处境，如果不按我的要求把事情做好，你就要走人！"等。这些言语是基层管理中的大忌。它不但不能促进工作的按时完成，还可能会起到相反的作用，带来班组的不和谐，阻碍工作的顺利开展，使你的工作处于被动状态。

① 威胁会伤害你和员工的感情，不但不能促进工作，还可能极大地伤害员工的工作积极性和工作灵感。

② 威胁会传递错误信息。说出威胁言语时，可能并不是真的想如何如何，但听者有意，使他在听到这些言语后做出错误的对策。

③ 威胁会让你丧失威信。当班组长说出的威胁并不是自己权限所能决定的事时，别人就会不再相信你所说的话，自己的威信也就在不知不觉中一点点消失。

2. 主动和员工打招呼

打招呼是意见沟通的初步，能够做得圆满的人，做起事来大都是有板有眼；不善于此道的人，必定是拙于自我表达的。

当班组长的眼光一与员工接触，就应随时面露笑容，交换人际的情感。假如班组长认为自己的地位较高，而不屑于主动向员工打招呼的想法是不对的。

3. 批评与称赞都有必要

由于员工形形色色，素质有高有低，一团和气是不可能管理好一个班组的。因此，批评与称赞都是必要的。

批评时，应准确地把握批评的内容，在冷静地听取对方的解释后，应该称赞的加以称赞，而该批评的就得要不留情地批评。

批评应与员工站在良好的人际关系上，以有个性的批评为佳，同时，不要加以无谓的讽刺，才会收到成效。

4. 认清场合，适时说话

（1）班组长应如何讲话

① 交待的事已经完成时应称赞员工："你干得很好！""辛苦啦！""多谢！"
② 拜托或指示时应说客套话，表示尊敬对方。
③ 当自己失败时应反省并主动说"对不起！"
④ 听取员工的报告或从旁听到时应容纳他们的意见。
⑤ 当有人批评某员工，而你要袒护他时，可以用体谅的语气婉转表达。

（2）班组长不应有的口气

① 会使对方丧失干劲的话："你在干些什么？要说多少次才懂啊，你太笨啦！你要再干多少年才会做啊！"
② 回避责任，将失败转嫁于别人："就他把事情搞得一团糟，他完全不靠谱。"
③ 不负责任，当交办工作或把已交代的事忘掉时："我曾经说过那种话吗？"

5. 不要刻意掩饰自身缺点

大家都对自己的优点充满自信，但还是希望员工能给予好的评价。所以，当员工指出自己的缺点时，一般人都会有排斥的感觉。但是，不管如何掩饰缺点，长时间相处总会原形毕露，而且员工看在眼里，会觉得班组长是条可怜虫。因此，不要掩饰自己的缺点，在员工的面前呈现原本的自我。

6. 别太苛刻要求员工

你一个人不能决定所有的事情，也不能做所有的工作，这正是你为什么要有一批员工的原因。但是为了有效地使用他们，你需要合理配置"资源"，让他们在不受过多干预的情况下，发挥出他们最大的工作热情和水平，这样你就可以成倍地提高工作团队的效率。

如果你要求员工必须把他们每天做的每件事都向你报告，做任何事都要经过事先批准，一旦违反了规章就遭到训斥，他们就会认为你对他们的行为和动机不信任。你对别人不信任，别人也会用不信任的方法来对待你。

作为班组长，目标之一就是将员工培养成不再需要有人强迫、督促，就可以自觉地把工作干好的人。

7. 不要压制员工的发展

员工需要发展，从某种意义上讲，员工就像鲜花一样。当你压制了员工的发展，他们的工作表现就会因为缺乏照料和激励而有所退化。

为了不至于压制员工的发展，你可以采取以下措施。

① 保障在团队中，对每一份工作至少有两个人知道怎么做。

② 当员工们告诉你他们希望在某些方面有所发展时，要认真倾听他们的意见。

③ 养成鼓励员工的好习惯。如果员工知道他们在一种受激励的环境中工作，他们表现得会更加积极。

8. 避免厚此薄彼

大多数员工都希望看到决定他们成功与否的因素是他们在工作当中的表现，而不是其他。但如果让其他因素来左右判断时，员工就会对班组长失去信任和信心，而这种信心的缺乏将会表现在频繁的人员流失，对忠诚的丧失以及消极怠工上。

如果员工的报酬以及是否成功完全取决于个人好恶，那他们工作的动力何在？班组长个人喜好的极端的表现便是一种歧视——包括他们的年龄、性别及一些与工作无关的因素。

当你形成的这种偏好变得那么明显以至于员工能够察觉到它，这种日积月累的模式就已经根深蒂固了，而且它对员工信任的打击是非常大的。

如果希望员工忠诚，就必须对他们也忠诚。忠诚与否可以通过对他们的支持与否明显地表现出来。

四、如何进行跨部门沟通协调

班组长作为一名管理者，在企业内部除了基本的上传下达之外，还要与其他班组之间进行平级沟通与协调（如工作重组、资源整合、进度协调、人员借调等），以交换意见，促进彼此的了解，加强合作，保证企业正常运转。

1. 平级沟通的障碍

在实际工作中，平级之间存在沟通障碍，其常见原因如下。

（1）目标不一。不理解或不接受组织目标，各班组之间的目标不统一，不关心组织目标的实现。

（2）自我防卫。班组间互相提防，很少进行工作、技术等交流，不愿意主动分享信息、成果。

（3）本位主义。往往以自我或小团体为中心，无论利弊得失都站在局部的立场上考虑，缺乏大局观念、全局意识及团队合作精神。

（4）责任转移。班组间面对困难工作或责任时经常"踢皮球"，互相推诿过错，无"组织的利益为最高利益"的信念，而导致工作没有效率。

2. 平级沟通的原则

班组长进行平级沟通与协调应当以企业的方针、目标和计划为前提，以企业利益最大化为终极目标，做到以人为本，和谐相处，努力争取双赢，让平级沟通无障碍。此外，平级沟通还应当遵循以下原则。

（1）要尊重，忌伪善。双方彼此尊重、保持和善的态度是有效沟通的前提。只有尊重对方，对方才会给予同样的回报。沟通中可以圆通但不能过于圆滑，不要给对方造成没有诚意的印象。

（2）要主动，忌逃避。凡事由自己先做起，注重平时的交流，促进彼此的了解，主动沟通信息和提供协助，率先走出第一步，达成有效的沟通。

（3）要互利，忌自私。遵循互利互惠的原则，设身处地地站在对方的立场考虑，不要只考虑本部门的利益，彼此同心协力才能提升组织的整体业绩。

（4）要坦荡，忌猜疑。凡事坦坦荡荡，不要对对方遮遮掩掩；不要用猜忌的心理去理解对方的行为或意图。调整好自己的心态，才能赢得对方的信任与认可，营造良好的人际关系，从而确保沟通顺畅。

3. 平级沟通的模式

平级沟通一般包括侵略式沟通、退缩式沟通与积极式沟通3种模式，其具体内容见表4-1。

表 4-1　平级沟通的模式

模式	说　明
侵略式	（1）自视甚高。自认为自己的部门比其他部门重要。 （2）喜欢压制。争强好胜、欺负弱者；逼迫对方认同自己的规定

续表

模式	说　明
退缩式	（1）缺乏自信。总认为对方的能力比自己强；因害怕沟通会导致不良后果而向对方表示歉意；常用约束的言辞，或作妥协，放弃自己的利益。 （2）逃避问题。说话拖泥带水、含糊不清，无主见或不敢明确表达自己的意思；经常为自己的沟通寻求借口
积极式	（1）坚持原则。清晰自己的底线及责任，不作原则上的让步，捍卫自己必须捍卫的权利。 （2）遵循规则。按照企业的制度、规则行事；反对霸道行为，积极维护双方的合理利益

4．平级沟通的理念

（1）双赢思维。平行单位之间的沟通，"双赢思维"是最好的结果。

（2）把握重点。要做好平行之间的沟通协调，有3个重点。

① 自己的态度：当要与对方沟通协调时，必须要有愿意让一步的态度，否则双方相持不下，那就不必协调了。

② 思维模式：必须往上一层思考，不要拘泥于现况，要能跳脱出现在的执着点。

③ 制度规章：有些沟通协调，不是人的因素，我们要能找出真正的关键；若是企业制度面的关系或是流程面的关系，则需从制度面着手。

5．平级沟通的技巧

平级之间沟通畅通，不仅有助于工作任务的顺利实现，还有助于创建一种精诚团结、密切合作的优秀企业文化。班组长在平级沟通中应该掌握见表4-2所示的技巧，确保沟通效果，获取平级班组的支持与协作，让其成为自己的帮手而不是对手。

表4-2　平级沟通注意事项和技巧说明

注意事项	技巧说明
不越权行事	平级之间是平等、合作的特殊关系。在寻求平级配合时，应当尊重对方，并遵照企业的规则进行，不越权行事，更不能以威胁的口吻、发号施令的方式进行沟通，忌把鸡毛当令箭
不打小报告	面对矛盾和冲突时，要相互协调、自我解决，忌私下打小报告
不制造矛盾	及时沟通情况，进行感情、信息交流，促进相互的了解、信任，减少一些不必要的误会和摩擦，形成较强合力，保证共同目标的实现
不斤斤计较	多审视自己的不足，寻找自身的原因；多看对方的长处，少看短处；宽以待人，不斤斤计较，才能形成信任、友好的和谐氛围
不推卸责任	面对过错，勇于承担责任，真诚的认错，这样不仅有助于打破僵局、化解矛盾，还能够赢得对方的尊敬和认可
面对面交流	不仅可以显示自己的真诚及对对方的尊重，还可避免因信息传递失真或理解偏差产生误会，而减少矛盾和冲突

第五章
学会激励员工，保持班组士气

激励的作用是巨大的。适时的激励，可以使下属同心同德、众志成城，提高工作绩效。

对于班组长来说，激励似乎很难实施，这是因为他手中缺少很多权力，特别是在物质奖励方面，班组长一般都没有最终决定权。但正因如此，在有限的可利用资源中，能够对班组员工进行适当激励，有效提升班组士气，就更能体现出班组长的管理能力。

第一节 员工激励基础知识

一、员工值得奖励的10种行为

管理学家米切尔·拉伯夫经过多年的研究，发现一些管理者常常在奖励不合理的工作行为。他根据这些不合理的举措，归结出应奖励和避免奖励的10个方面的工作行为。

① 奖励彻底解决问题，而不是只图眼前利益的行动。
② 奖励承担风险而不是回避风险的行为；
③ 奖励善用创造力而不是愚蠢的盲从行为；
④ 奖励果断的行动而不是光说不练的行为；
⑤ 奖励多动脑筋而不是一味苦干；
⑥ 奖励使事情简化而不是使事情不必要地复杂化；
⑦ 奖励沉默而有效率的人，而不是喋喋不休者；
⑧ 奖励有质量的工作，而不是匆忙草率的工作；
⑨ 奖励忠诚者而不是跳槽者；
⑩ 奖励团结合作而不是互相对抗。

美国哈佛大学教授詹姆士研究指出：实行计时工资的员工仅发挥其能力的20%～30%，而在受到充分激励时，可发挥至80%～90%。

二、进行员工激励的10项原则

激励措施有很大的风险性，班组长在制订和实施激励时，一定要谨慎。下面是一些关于激励的原则，注意这些原则，能提高激励的效果。

1. 先信赖自己有无限的激励潜能

激励起源于"信赖"，确使自己能激励自己，同时拥有及栽培出为数可观的优秀员工，大家众志成城，上下一心，完成自己和组织委以的重任。

2. 肯定员工及其工作的价值

激励的一个基本前提是承认员工是企业价值的主要创造者，因此，首先应肯定员工及其工作产生的价值。每个人都有一定的能力，只是能力表现的形式不同。重视员工，发现员工的能力，合理地使用员工，使其充分发挥自身所具备的才能，对员工来说本身就是一种有效的激励。

3. 激励要因人而异

由于不同员工的需求不同，相同的激励措施起到的激励效果也不尽相同。即便是同一位员工，在不同的时间或环境下，也会有不同的需求。虽然外部因素会使其受到一定的影响，但是激励取决于内因，是员工的主观感受，所以，激励要因人而异。

在制订和实施激励措施时，首先要调查清楚每个员工什么是他们真正需求的。将这些需求整理、归类，然后再制订相应的激励措施。

4. 显露出你的精神

在互动过程中，时时刻刻表现出热情、坚持不懈完成目标的决心和毅力，用你的积极行为来鼓舞和影响员工，让员工们受到你精神的感召，认同你的角色，而自发性地增强工作动力及责任感。

5. 信赖你的员工

被信赖的员工，都会心甘情愿地为信任他们的领导者赴汤蹈火。记住，你要在行动、言词上处处表现出信赖他们的诚意。

6. 奖惩适度

奖励和惩罚会直接影响激励效果。奖励过重会使员工产生骄傲自满的情绪，失去进一步提高自己的欲望；奖励过轻会起不到激励效果，或者让员工产生不被重视的感觉，很容易打击其积极性。惩罚过重会让员工感到不公，或者失去对企业的认同，甚至产生怠工或破坏的情绪；惩罚过轻会让员工轻视错误的严重性，从而可能还会犯同样的错误。

7. 公平性对待每个员工

公平性是员工管理中一个至关重要的原则，任何不公的待遇都会影响员工的工作效率和工作情绪，影响激励效果。取得同等成绩的员工，一定要获得同等层次的奖励；同理，犯同等错误的员工，也应受到同等层次的处罚。如果做不到这一点，班组长宁可不奖励或者不处罚。

班组长在处理员工问题时，一定要有一种公平的心态，不应有任何的偏见和偏心，不能有任何不公的言语和行为。

8. 支持上级或组织所订的目标

这样，员工们也会看样学样，全力以赴，并接受你的领导与指挥。

9. 合理制订目标

制订目标时，应就员工的能力、水准与完成任务的难易度，做合理、公平的考量。

10. 精神激励与物质激励相结合

赞美、表扬、精神上支持、鼓舞是激发员工斗志必不可少的催化剂，如能力和金钱奖金、红利等物质上的奖励环环相扣，最能紧扣人们的心弦，赢得他们动力地投入工作。

三、激励员工的5个注意事项

1. 要注意给下属描绘共同的未来愿景

它包括涉及到企业所在行业的发展趋势以及企业自身在行业内部的发展趋势问题，以及员工依存于企业的价值。企业存在有价值并不代表企业中的员工都有价值感。

2. 要注意用行动去昭示部下

对班组长来说，当你希望下属做什么同时，请拿出你自己的示范行为来。

作为班组长，不但不可能不"说"，然而更忌讳不"做"。"说"与"做"简单的组合有五种，其示范作用各有不同。

① 说了，不做，负作用最大。
② 不说，不做，负作用次之。
③ 不说，做了，有积极作用。
④ 边说，边做，有很好的示范作用。
⑤ 做了，再说，示范作用次之。

3. 要注意善用影响的方式

作为班组长，其主要任务就是运用组织的目标与自身的人格魅力去感召他们、启发他们、引领他们，让下属产生自我感知，迸发工作的原动力，从而产生巨大的行动能量。

4. 要注意公正公平

一般来说,大家会尊敬态度强硬但公正的管理人,强硬只有伴随公正,下属才可能接受。

公正意味着秩序上的公正。如对员工的奖惩要特别强调有据可依,不搞无中生有的奖罚。

公正意味着制度面前人人平等。公正的立足点是制度管人,而不是人管人。

公正强调让事实说话,让数字说话,注意其精确性、有效性。

公正是对班组长品格的一种考验。它首先要求管理人品行的端正。

5. 要注意沟通的实质性效果

沟通对于班组长来说更具有特殊意义。

① 沟通的过程是争取员工支持的过程。管理的本质就是被管理者的追随与服从的过程,成功管理人的下属支持率必须高于70%,如果小于60%则很危险,低于50%就是不合格。

② 沟通过程是汲取智慧的过程。如好的方法、主意、决策雏形等都可以在沟通中得到。

③ 沟通是激励下属最好的却往往是最廉价的方式。班组长认真地聆听、询问,虽然不可能解决所有问题,但你给下属的感觉是肯定的——我很重要,我的部门很重要。给人以自我重要感很有必要。

四、激励员工士气的 4 种方法

1. 让工作有趣且重要

每个人至少要对其工作的一部分有高度的兴趣。对员工而言,有些工作真的很无聊,班组长可以在这些工作中,加入一些可以激励员工的工作。此外,让员工离开固定的工作一阵子,如轮换岗位,也许会提高其创造力与生产力。

2. 确保有效沟通

员工总是渴望了解如何从事他们的工作及企业的营运状况,班组长可以告诉员工企业利益来源及支出动向为开端,确定企业提供许多沟通渠道让员工得到资讯,并鼓励员工提出问题及分享资讯。

3. 让员工参与决策

让员工参与对他们有利害关系事情的决策,这种做法表示对他们的尊重及处理事情的务实态度，当事人（员工）往往最了解问题的状况、如何改进的方式；当员工有参与感时，便会增加工作的责任感，也较能轻易接受新的方式及改变。

4. 增加成长机会

班组长对员工的工作表现给予肯定，每个员工都会心存感激。大部分员工的成长来自工作上的发展，工作也会为员工带来新的学习，以及吸收新技巧的机会，对多数员工来说，拥有新的机会来表现、学习与成长，是上级最好的激励方式。

五、激励员工士气的 8 大法则

员工在完成一项杰出的工作后，最需要的往往是来自上级的感谢，而非只是调薪，以下是激励员工士气的 8 大法则。

① 向员工的杰出工作表现表示感谢。
② 随时倾听员工的心声。
③ 创造一个开放、信任及有趣的工作环境，鼓励新思想和积极的主动性。
④ 让每一位员工了解企业的收支情形，企业的新产品和市场竞争策略，以及讨论每位员工在企业所有计划中扮演的角色。
⑤ 让员工参与那些对其有影响的决定。
⑥ 肯定、奖励应以个人工作表现及工作环境为基础。
⑦ 加强员工对于工作及工作环境的归属感。
⑧ 给员工提供学习新知识及成长的机会。

第二节　员工激励实用性技巧

一、如何激发员工的工作意愿

如何激励班组员工的工作意愿，是班组长激励员工的一项很重要的工作。员工工作意愿欠缺的原因很多，对班组员工来说，主要有以下几点。

① 上级存心找他（她）麻烦。
② 自己拼命干的事，却被忽视。
③ 感受不到来自上级的关怀。
④ 人际关系紧张。

激发员工工作意愿的措施见表 5-1。

表 5-1 激发员工工作意愿的措施

项目	具体措施
激发员工的 工作兴趣	使员工了解工作的目的和意义
	使工作内容丰富化
	合理设计工作流程，使其符合生理和心理需求
	给员工一定的决策权
	使员工能及时了解工作的进度和工作的结果
	使员工有成就感
让员工了解对其工作的评价	让员工了解评价的项目和标准
	让员工了解相应的奖惩方式
	让员工及时了解对自己工作的评价结果
培养员工的参与意识	让员工参与班组决策
	对员工进行必要的授权
	培育员工的责任感
使员工获得 满足感	给员工提供提高其素质和能力的机会
	让员工独立完成工作
	满足员工对尊重的需求
	满足员工自我实现的需求
	及时的赞美和奖励
改善人际关系	加强与员工的沟通
	为员工之间进行有效的沟通创造条件
	培养团队精神

二、如何转变员工的消极态度

员工消极工作态度是指员工在工作中通过经验积累而形成对工作所持有稳定的消极的评价与行为倾向。转变员工消极的工作态度不仅有助于提高员工的工作积极性，消除员工的消极行为，而且还使员工形成一些企业所期望的积极行为。

1. 了解员工消极行为的类型与原因

（1）员工消极行为的类型。研究结果表明，普通员工中普遍存在的消极行为共有下列 7 个类型。

① 未能达到最低的工作要求。
② 对别人和自己缺乏尊重。
③ 不能界定自己的职责。

④ 合作精神差。
⑤ 沟通水平低。
⑥ 行为情绪化。
⑦ 对工作的承诺较低。

（2）员工消极行为产生的原因。实际上只有少部分员工缺乏职业道德，大多数普通员工非常渴望在工作中有所建树，并且将个人未来发展的希望寄予其工作。虽然大家都表示希望通过工作来改善生活和发展事业，但经常出现的现象是做得再好也是徒劳无获。为何这些普通员工放弃自己的目标、工作表现较差甚至不达标呢？调查结果显示，原因有各种各样。

① 同事偷懒不出力。
② 上级不断压制。
③ 不敢胜过同事。
④ 员工流失率较高。
⑤ 同事间缺乏相互尊重。
⑥ 缺乏上级的赏识。
⑦ 缺乏自我控制。

2. 转变员工消极态度的方法

（1）参与实践法。通过员工参与工作实践，在实践中不断地认识了解工作，从工作中得到启发和教育进而转变员工消极的工作态度。在管理中，可以通过员工参与现场管理、工作丰富化、提合理化建议等途径来转变员工的消极工作态度。

（2）强化法。当员工产生消极行为时，可对他们的行为进行负强化或惩罚，进而转变员工的工作态度，如批评、罚款、停职、降级等。反之则要及时地给与正强化，如奖金、晋升、表扬、认同等。

（3）目标导向法。员工的消极工作态度有时是因为班组长未能把工作的目标与员工的切身利益紧密地联系起来，因此要把工作目标和员工的切身利益联系起来，从而使之成为自己的主观需要进而形成积极的态度。

（4）宣传教育法。企业应重视利用企业文化来教育员工，陶冶员工的情操。这样可帮助员工对企业形成正确的认识，改变对工作的错误看法，有助于转变员工消极工作态度，树立正确的价值取向。

（5）榜样示范法。在企业中树立一些有血有肉的爱岗敬业的先进榜样对员工消极工作态度的转变有很大的帮助。通过各种渠道使员工了解先进人物对工作的思想、情感、行为，使员工心灵的深处受到触动，起到积极的影响作用。

（6）恳谈法。通过恳谈的方法逐渐向具有消极工作态度的员工提出转变的要求，有助于员工态度的转变。对员工消极工作态度的转变，不能操之过急。

（7）信息沟通法。转变员工消极工作态度的效果与信息沟通的效果相关，而在转变员工消极工作态度过程中，影响信息沟通效果的因素有沟通者、沟通内容、沟通对象，因此在使用这种方法时应对它们进行具体研究。

3. 找出隐藏在背后的意图与心情

不管对方是冷淡、敌视、悲观或者是挑衅，他（她）的态度本身已经说出了他（她）内心的许多话。而为了对人们不断变化的态度能够有所把握，班组长首先必须找出原因，也就是隐藏在某一种态度背后的意图和心情。

三、如何对员工进行精神激励

提高物质奖励对于员工自然是很满足，但对于班组长来说，更多的要用"精神激励"这种方法。精神激励同样也能达到良好的效果。赞美、表扬、精神上支持、鼓舞是激发员工斗志必不可少的催化剂。

1. 关心员工家庭

工作中的成功与工作外的成功是有关联的：一个在家庭中不快乐的人，在工作中也不会有所成就，这是毫无疑问的。鼓励大家争取这种平衡与和谐是很重要的。因为一个幸福愉快的员工比一个不幸的员工能生产出更多的高质量产品。

如果员工生活中的一些琐碎而无法排解的事情已使他变得烦躁不安，他的种种抗拒情绪，甚至使他成为班组长手下一名棘手的员工时，班组长最体谅、最好的解决方法是给他一定的时间和空间调整，让他休息，或是旅游。在这期间，班组长若能从根本上帮他找出使其烦躁的原因，并设法帮其解除，那是再好不过了。相信等他度假回来时，心情的放松已使他完全变成另一个人。

在充满竞争的世界里，企业希望每个员工努力工作。但如果这个工作对个人生活造成不合理或不公平的干扰时，反而会造成个人情绪上的不稳定。因此，顺其自然是很重要的。如果一个员工满脑子都在想着家庭的困难，他是不可能做好工作的。所以，当职员的士气受到个人事务的影响时，班组长应该做的是关心他们，如果你能帮助他们解决个人困难，那么，他们就会工作得更有成效。

2. 经常赞扬你的员工

班组长面对下属特别卖力地工作时，千万不要吝啬赞扬。当班组长希望激励手下员工提高工作效率时，就要赞扬他。

四、如何正确使用表扬激励

赞扬与批评是班组长激励员工的正反两面。赞美、表扬、精神上支持、鼓舞是激发员工斗志必不可少的催化剂。当然班组长不能一味地赞扬，一团和气是不可能管理员工、激励员工的，有时恰当的批评也能达到同赞扬相当的激励效果。

1. 不要吝啬你的赞扬

当班组长希望激励手下员工提高工作效率时，你需要做的事很简单，就是赞扬他。因为，赞扬是达到这一目的最理想和有效的办法。人人都有得到别人承认、信任、重视和赏识的渴望，不管他是谁，无一例外。显然，追求显贵和受人重视、被人赞扬的愿望，已成为人们内心最强有力的动力。

赞扬的成本微乎其微，可其影响常常是出乎意料的深远。今天更多的人不仅仅是为了获得薪水而工作，他们更希望得到企业的重视。而对他们最有价值、最有力的赞美就是经常告诉他们说："我为你感到骄傲。"

赞扬之所以有如此奇效，是因为，赞扬一个人意味着尊敬。重视称赞，可以最大程度地鼓舞人的士气和精神，提高他的被重视感和工作热情，释放一个人身上潜在的能量。

2. 赞美员工的闪光点

有些班组长深感赞扬一个人很困难。通常觉得没有在下属身上发现值得赞扬的"闪光点"，不知道如何开口。这很难让人赞同。其实，每位员工都是一块闪亮的金子，只要班组长愿意睁大双眼，愿意除去不愿俯视的"遮眼布"，能很容易地在每个人身上找到值得赞扬的地方，使他觉得自己更重要。

赞扬其实是一件很容易的事情。一切取决于你是否愿意去发现，如果你想赞扬一个人，总能观察到他值得称赞的地方的。

3. 赞扬要适时

适时赞扬就是不漏听、不漏看、不忘记部下取得的成果；要及时在众人面前表扬；同时也可以借助他人来表扬。

以下场合，班组长要适时表扬。

① 圆满完成业务目标时，如质量目标达成。
② 推进工作 QCD 的改善，并取得成效时。
③ 正在向难度很高的工作挑战时。
④ 报告内容精彩，有翔实的 5W1H 内容。
⑤ 能够发现一般人发现不了的问题，或对班组作业有新见解时。

⑥ 取得公认资格或通过企业内部考试合格时。
⑦ 5S 活动第一个执行时。
⑧ 热心指导晚辈掌握工作时。
⑨ 协助他人工作，取得成果时。
⑩ 在班组或企业伸张正义时。

五、如何正确使用批评激励

班组长如果在该批评时不批评，会使员工心存侥幸，误以为上级已经默认，或不能把自己如何，从而导致下回再犯。

批评教育可激发个别落后员工沉睡的尊严，要有针对性。罚对一个，就会教育一片，这才能起到激励作用。反之，选错一人，就会冷落一片；罚错一人，就会寒心一片。不仅起不到激励作用，还会起到相反的效果。所以要千万小心选用，切勿滥用。

能随机应变改变批评的方式，能漂漂亮亮地叱责对方，且令人心悦诚服地接受，才能算是一流的管理者。

1. 批评的类型

要注意班组长在批评时，不可任由感情的冲动而发怒，要以诚意协助并予以鼓励为本质，才是助其成长之道，此外，批评的要点应清楚地告诉下属，让他（她）知道自己错在什么地方，这才是批评的基本态度，切不可让被批评的员工不知道挨批评的原因何在。批评的方法见表 5-2。

表 5-2　批评的方法

应批评项	批评方法	举例说明
缺勤、迟到、早退增多时	关切批评	平时很少见你迟到，是不是身体不舒服
肆无忌惮地发表对他人、企业不满、埋怨的言辞时	委婉批评	你有很多不满是吗！能不能把其中的某个原因和经过说给我听听
脸色不好，干活无精打采时	略加批评	平时的生龙活虎劲哪去了？拿出点劲来
对人粗声恶气，行为不检点时	严厉批评	这种话你都敢说？这种事你都敢做？这是你吗
有逃避工作，不负责任的言行时	严厉批评	究竟怎么回事？这不像你的所作所为
背后造谣中伤同事时	揭穿批评	你有事实根据吗？没有就不要随便给人添油加醋
诉说自己身体不适，不愿更多承担责任时	关爱批评	怎么没照顾好自己？什么时候开始的？看医生了没有
待人办事心不在焉时	提醒批评	对人这样很失礼！我只说到此为止，听漏别人说的话，办错了事，对你我都没好处
接连抱怨身心疲惫，推脱工作之时	勉励批评	再加把劲吧！如果要我一块做的话请告诉我
渐渐没了生气，缺乏干劲时	提醒批评	有什么心事把它说出来，让我也听听，看有什么能帮你的

2. 批评的注意事项

（1）就事论事，不要提及他人他事。如把以前的"旧账"一笔一笔搬出来，逐条清算；胡乱断言部下无可救药，将来不会有前途；一口咬定别人如何好，部下怎么没出息；连同家人一起牵扯进来都是部分班组长在批评员工时常犯的错误。

（2）要给人留台阶

① 当着大家的面，点名道姓地责难起来。

② 当着不相关的第三者，或者资格更低者的面前批评。

③ 到处发布批评的言词。

④ 实际处罚比批评更严厉。

（3）不要听都不听部下的解释，抓住就批，有理没理先骂一顿再说。

（4）不要不给挽回机会，一错就批，根本不采取补救措施。

（5）不要不再信任，错一回就认为无可救药，以后就不再使用该人。

（6）要采取相应的实际处罚。每次都停留在口头上，没有触及到部下的任何实际利益，听与不听都一样，不能形成震慑作用，以致一犯再犯。

六、如何在班组导入良性竞争

良性竞争能促进员工之间形成你追我赶的学习、工作气氛。所以，班组成员之间要有良性竞争。

1. 适度竞赛有利于激发士气

以比赛的形式完成一项项原本枯燥乏味的工作，会让工作变得快乐而富有吸引力，其成效之佳显而易见。班组长可通过员工之间的彼此竞争，激发他们的好胜心理，满足他们获胜、拔尖、成为优秀者的愿望。

当然，这里的竞争，并非单纯意义上的为竞争而竞争，而是为了和平发展的竞争，否则，竞争的最终结果将违背班组长注入"竞争"的良好初衷，而变成激励少数人，打击一大片。

（1）竞赛激励的工作重点

① 宣扬这个奖励计划和它的目的。

② 设立实际的、可行的、可计量的预定目标。

③ 竞赛要有一定的期限，期限不能设得太长。

④ 竞赛的规则不能订得太复杂。

⑤ 奖励品要有诱惑力。

⑥ 奖励品的价值和员工的表现要有直接的关联性。

⑦ 竞赛结束，要尽快表扬和给予奖励。

（2）竞赛激励的注意事项

① 竞争必须建立在公平之上。如果想以"竞争"有效推进全体发展的脚步，坚决不可以让带有偏激情绪的竞争代替真正的竞争，而是摆正角度，凭着公平的竞争，有效激励员工个人以及群体的工作情绪。所以，竞争必须是建立在公平之上的。

② "公平"不是绝对的。任何一个班组的员工其能力良莠不齐，这是不争的事实，如果在制订竞争目标时忽略这重要的一点，将目标一条线划清，不分新员工、旧员工，优者、劣者的差异，就无法起到激励人们积极性的作用，反而只能降低人们的动力。

③ 事先把相关事项说清楚。用竞赛的方式来奖励员工，应该要把详细的竞赛规则写清楚，把奖金或奖品的细节也交待明白。

④ 防止恶意竞争。下属之间的竞争分为良性竞争和恶性竞争，班组长的职责就是要遏制员工之间的恶性竞争，并在遇到员工之间存在恶性竞争时，积极引导他们参与到有益的良性竞争中。

有些人把羡慕别人的心情转化成了阴暗的嫉妒心理，他们想着的是如何给别人脚下使绊，如何诬蔑能人，搞臭他们的名声，如何让同事完不成更多的任务等。他们的办法，就是通过拖先进者的后腿，来让大家都扯平，以掩饰自己的无能。这种行为会导致班组内部的恶性竞争。它会使班组内人心惶惶，员工相互之间的戒心强烈，大家都提高警惕防止被别人算计，工作的气氛就会很压抑。

作为一名卓越的班组长，平日一定要关心员工的心理变化，在班组内部采取措施，防止恶性竞争，积极引导手下的员工参与到有益的良性竞争中。

2. 引导员工进行良性竞争的技巧

一般说来，引导员工进行良性竞争有以下几种技巧。

① 要有一套正确的业绩评估机制。要多从实际业绩着眼评价员工的能力，不能根据其他员工的意见或者是班组长自己的好恶来评价员工的业绩。总之，评判的标准要尽量客观，少用主观标准进行评判。

② 要在部门内部创造出一套公开的沟通体系，要让大家多接触，多交流，有话摆在明处讲，有意见当面提。

③ 不能鼓励员工搞告密、揭发等小动作。不能让员工相互监督，不能听信个别人的一面之词。

④ 要坚决惩罚那些为谋私利而不惜攻击同事，破坏部门正常工作的员工。

第六章
管好新进员工，稳定员工队伍

新员工因为刚刚进入一个陌生的环境，在心理上和行为上都会存在一些问题，班组长要注意到这些问题，才能更好地管理好新员工。

本章主要阐述了新员工管理存在的问题和一些新员工管理的实务性技巧。对班组长如何防范新员工的流失和顺利开展入职培训具有指导意义。

第一节 新员工管理存在的问题

新员工因为刚刚进入一个陌生的环境，在心理上和行为上都会存在一些问题，班组长要注意到这些问题，才能更好地管理好新员工。

一、新进员工面临的心理问题

现在和以后很多企业都会招收大批90后、00后"新生代"，如果班组长与他们分属不同年代出生的人，则很有必要了解"新生代"人员的特点，以更好地接受这些新进人员带来的挑战。

1. 心高气盛

有些年轻人从小就接受良好的教育，很多都具有高中或中专学历，知识面广。再加上从小就享受着较优越的物质生活条件，经事不多，不论是求学，还是找工作，都没遇上什么挫折，人生追求的目标很大，有很强的个人优越感。

有些人在工作中最明显的表现是：夸夸其谈，什么典故、时尚流行样样都知道，周围的老同事，没有一个是他的对手，而实际上动手能力与理论水平相去甚远，有时就是只说不做。

对此不可"捧杀"，一味赞扬其理论高明，任其自由；也不可"棒杀"，一味打击其动手能力太差，挫伤其积极性。目前的教育体制，教的大多是理论知识。要使动手能力的教育接近理论水平的教育，需要时间和机会。

班组长对新进人员要事先提出各种忠告，告诉新进人员要避开哪些工作上的"陷阱"，事后要及时一起总结经验教训。如果失败，要助其一臂之力，多给一次机会，勿以一次成败论英雄。

2. 利己主义较浓

有人追求绝对的务实主义，很少认同工作是为了社会、国家、民族做贡献之类的信念，而认为工作只不过是谋生之计。因此难度大的工作，不愿竭尽全力主动完成，有时要在上级严令之下才去完成。

班组长要懂得不同年代的人之间，在信念上确实存在着代沟，这不是靠某个人的意愿就可以消除的。没有必要将自己的信念强加在别人头上，只要结果达到目标要求，其他的就不要干涉。

3. 情感上时常迷惑彷徨

当工作上出现难题，或是个人情感失落时，新员工不愿主动向人表露（因此得不到别人的帮助），害怕别人知道自己的不足，而自己却摸不准方向在哪，因此内心苦闷异常。

班组长要善于看透这一点，适时提供一些有针对性的参考资料，如书籍、音像制品等，以过来人的身份谈谈自己当初遇到这些类似的问题是怎么圆满解决的。

4. 不愿意与前辈一块活动

参加工作的头几年，私人来往的圈子不大，大多数是三五个同学或同龄人凑在一起，别人很难插得进去。

在这一方面，与其说是指导，倒不如自己主动参与，不耻下问，让新员工教自己怎么玩更好，年轻人永远玩在前面。在一起玩的过程中，彼此更容易相互沟通、理解，从而弥补工作时间内无法沟通的项目。

在一段时期来看，新进人员不如旧人出色，是理所当然的，但这只不过是暂时的。如果培训得当，人事考评制度完善，若干年后，他们会成为班组长得力的部下，甚至超越自己，成为你的上级。新进人员给企业带来新的活力，毕竟企业的未来要靠他们来支撑。

二、新进员工面临的行为问题

① 不能正确地使用礼貌用语，在走道上和上级、客人擦肩而过也不打招呼。

② 由于不知道对班组长的言语措辞，所以被班组长问到"明白吗？"后，只能回答"嗯，明白了"之类的话。

③ 不知道工作场所的礼仪。不知道开关门的礼貌、吃饭的礼貌、工作结果的报告方法、出现异常时的处理方法等。

④ 不大能做实际事务，尤其是刚毕业的学生。

⑤ 由于被斥责少，所以一被上级注意或斥责，就容易变得消沉或极端地反抗。
⑥ 开会时随意地和旁边的人说话。
⑦ 对不熟练的作业，立刻凭自己的一点经验和知识贸然就去做。
⑧ 工作进行不顺利，就埋怨别人，既不谦虚地进行自我反省，也不考虑防止类似问题再次发生时的对策。
⑨ 没有很强的团队精神，不知道团队如何协作。

三、新进人员面临的职场问题

新进人员大都是满怀着美好希望和憧憬进入企业的，但对工作现场基本上一无所知，所以往往会感到不安和不知所措。新进人员进入企业大多面临着这些问题。
① 陌生的脸孔和陌生的工作环境。
② 对新工作是否有能力做好而感到不安，对于新工作的意外事件感到胆怯。
③ 对新工作有力不从心的感觉，害怕新工作将来的困难很大。
④ 不熟悉的噪音使他分心。
⑤ 不熟悉企业的规章制度。
⑥ 不知道所遇的上级属那种类型。

四、班组新员工管理的误区

很多班组长缺乏应有的管理技巧，采取一些错误的管理方法。下面把这些错误行为罗列如下。

1. 短时间内向员工灌输过多的知识

新员工拿了一大堆的入职员工手册和政策规定，回去后没有那么多时间阅读，心里就很有压力：我看不完、吸收不了怎么办？这就需要有时间限制，让新员工拿回去这些手册，要求他在一个月内看完就可以了，不要求他拿回去以后马上就看完。

2. 只给新员工安排初级的工作

有的班组长对新员工会怀有警惕心，所以，通常只让他做些杂事，做些轻松点的活，将他放置一两个月。结果就会导致新员工感觉不被重视而离职。只给新员工安排初级的工作，新员工会不感兴趣。事实上，员工能出多大的成果，很大程度上取决于班组长对他的期望有多高。有时你要求他越严，给他设定的工作越有挑战性，他就越感兴趣，也越愿意去做。

班组长不能为了怕心理负担或麻烦，而放弃教育培养员工的义务，这样，是不够资格当班组长的。从一开始就让新员工担当重任，才能长远地管好他；否则，让他吊儿郎当，以后就难以管理。

3. 不给新员工一定的磨合期

新员工有过多的表格要填，过多的手册要读，同时又让他马上开始工作。至少应给这些新员工一个月左右的时间，让他熟悉这些表格、手册、产品，给了他充足的时间，等磨合期过了，再用正常的工作标准去严格要求他，这时他的工作效率是最高的。因为他已经用了一个月的时间来掌握了企业的那些规章制度，所以就能马上投入工作了。

4. 急于把新员工推入工作中去

班组长有时在匆匆介绍完后就将新员工推入工作中去，以完成班组任务。班组长往往相信实践出真知，尤其在人手不够时，还没等入职培训结束，就已经把新员工分配到工作岗位上了。因为班组长会想，当初我入职时，不就是这么被对待的吗？其实当员工心里不踏实时，你越急切地催他干活，他越难以进入良好的工作状态，也就越容易出差错，使新员工找不到信心，最终就有可能导致新员工的离职。

五、新员工的流失及其防范

对于很多班组来说，员工经常会处于流动状态。很多情况下，新员工在有些企业干一两个月就会辞工。

新员工的流失，尽管有种种个人原因，但很多还是因为不能尽快适应岗位工作、没有成就感、不能很好地融入团队等原因造成的。

班组长作为班组新员工的直接管理者，必须对新员工的流失原因及相关对策有所了解。

1. 新员工流动的时间段

根据调查，员工离职一般有3个高峰期，试用期前后是其中之一，称为新人危机期。在这期间，新员工发现工作性质或工作量超出他们能力或者是不能很好融入班组，就很容易萌生去意。

有调查表明，50%~60%的员工在工作的前7个月中变动工作。新员工在正式上班的第1天到第180天这段期限内发生的流动为新员工的流动期。

2. 新员工产生辞职念头的原因

（1）忽略新员工的第一感受。这一现象在企业中比较普遍，是导致新员工产生现实冲击的最直接因素。

新员工开始一份新的工作就像任何一个重大决定，做出决定之后，就寻找种种依据来确保自己做的决策是正确的。当发现哪怕只是一个很小的期望没有实现时，就会产生被出卖的感觉，害怕企业不履行合同了。许多新员工在第一天上班就在开始寻找迹象来证实自己的决定是正确的。而这种寻找往往是通过"感受"来进行的。

因此，当新员工抱着美好的憧憬和满腔热情踏进新的企业时，往往希望能受到企业管理层和部门同事的欢迎和重视，看到他所要开展工作的硬件设施已经配置好。但许多企业往往忽视新员工的这一感受需要。管理层对新员工的到来若无其事，不做一点安排或准备，这让新员工感到从保安登记开始到前台接待再到部门，大家都不知道他的到来，他的"突然"出现"打乱"了大家的正常工作安排。

（2）错误地欢迎新员工。目前，许多企业的管理人员在欢迎新员工时容易犯如下几个错误，使新员工耿耿于怀，对新工作没有一点好感。

① 以流水线方式不停歇地让新员工了解企业的情况。

② 在新员工来到时，还没准备好办公用具和办公用品。

③ 忽视新员工，或随便让他们自己去读企业手册，而没有进行一对一式的交流。

④ 把新员工了解企业情况的过程完全交给人力资源部门，新员工所在班组的班组长和车间主任都不参加。

⑤ 没让新员工的班组长给新员工定出具体的业绩目标。

（3）对新员工不够重视。对新员工的到来，班组长没有提前做足够的准备，导致新员工产生不被重视的感觉。

（4）随意变更新员工的工种或工作内容。

（5）对工作岗位描述不清，使新员工感觉压力过大。有些企业在招聘期间，要么没有岗位职责描述，要么自己根本说不清该岗位的职责究竟包含些什么。新员工报到后，就任意地给新员工加码。许多老员工也往往欺负新员工，将自己手头上的繁杂事务"托付"给新员工或让新员工无故受过，使新员工感到身心俱疲。

（6）人际关系复杂。复杂的人际关系是目前企业内员工流动的重要原因之一。

（7）企业员工的文化和价值观冲突。新员工进入一个有一定历史的企业，必将受到企业的文化、价值取向的冲击。如果企业在新员工引导方面缺乏这方面的重视，必将使新员工遭受"企业文化休克"。

（8）企业分配给新员工最初的工作缺乏意义和挑战性。现在的员工很多是职业技术院校的毕业生，班组长在给新员工安排工作时如果将枯燥、繁杂的工作分配给新员工，或让新员工长期承担一些简单的工作和任务，会磨灭新员工的工作热情，导致新员工感到自己是被"大材小用"了，不能发挥自己的特长，能力得不到体现。

（9）企业对新员工缺少要求。班组长最初表达的期望对新员工的工作表现有决定性的效果。如果班组长期望新员工有高质量的表现，并用话语和行动表达出来了，那么从新员工那里得到高质量表现的可能性就更大。班组长期望越高，对新员工越信任、越支持，那么新员工就干得越好，工作质量就越高。但许多企业的班组长在新员工报到后往往没有对新员工提出严格的明确要求或期望，没有绩效目标和考核，对新员工听之任之，实行放羊式管理，让新员工在新环境中自生自灭。

3. 新员工流失的防范措施

（1）了解新员工心中的问题。新员工进入企业后，班组长应围绕新员工关心的问题做充分的准备并对他们关心的问题提供积极有效的答案。新员工在进入企业时，心中常常自问的问题有以下几个。

① 我是否受欢迎和重视？
② 我的工作对企业的哪些方面能有所贡献？
③ 企业对我的具体期望是什么？
④ 我在这里能学到新东西，不断求发展，并能受到新挑战吗？

（2）要加强对新员工工作和生活等方面的关心和感情培养。这可以使新员工产生被重视、不被忽略的感觉。同时对于企业在招聘中的承诺要尽快兑现。企业在新员工加入后最初几天的"关心"会让新员工产生意外的惊喜，巩固新员工加盟企业的决心。

（3）做好新员工的欢迎工作。新员工在报到当天一踏入企业就受到欢迎，让新员工有成为团队一员的感觉。因为新员工受聘、报到的当天以及在随后的几天内在企业内的所见所闻，以及对工作场所和工作气氛的实际感觉，会巩固或动摇新员工当初的选择。

同时，由于新员工的工作受到家庭、亲朋好友和过去同事的关心，新员工在企业的新感受和对企业的印象，在新员工加入企业后的最初几天内同样受到他们的关心。如果企业做好了上述各方面的工作，必将提高企业的形象和声望，为企业在今后找到更优秀和更合适的人才打下良好的基础。

（4）加强对新员工的培训引导工作。班组长应加强新员工的培训引导工作。对新员工没有耐心，指望他们落地就能起跑是不切实际的。

（5）严格要求新员工。班组长对新员工管理严一点，是为了新员工能养成良好的职业素养。

在新员工开始探索性工作的最初几个月中，应当为他（或她）找到一位受过特殊训练、具有较高工作绩效并且能够通过建立较高工作标准而对新员工提供必要支持的人员，比如新员工的直接领导——班组长。

（6）为新员工提供"师徒制"机会。利用一位在某一领域富有经验的员工（即师傅）来培训和教导新员工（即徒弟）。通过这样的个人化重视，及时将新员工所要的信息、反馈和鼓励等通过"师傅"来传达给新员工。而新员工也能在尽短时间内掌握岗位和其他必要的信息。全球最大的零售商沃尔玛公司为了帮助新员工在前

90 天里适应企业的环境,就分配企业的一些老员工给他们当师傅,并且分别在 30 天、60 天和 90 天时对他们的进步加以评估。这些努力降低了整个企业 25%的人员流动,也为沃尔玛公司的进一步发展赋予了新的动力。

第二节 新员工管理实务技巧

一、如何正确开展对新员工的引导

前面已经提到了班组长对新员工的职责是引导和培训,本节探讨班组长对员工的引导问题。

1. 新员工引导程序的主题

有些新员工总有一种理所当然的心态,不愿意接受批评,实际工作能力差,眼高手低,空话说得多、实干少,这些情况正是班组最忌讳的。一般能够做班组长的人,业务能力都比较强,在企业工作也有些年头了,这样就可以充分发挥经验丰富的优势,带领新员工迅速地熟悉环境,熟知工作程序。

绝大多数组织都有一个系统的正式程序,包括手册及类似的资料。新员工引导程序一般包括以下主题。

① 欢迎,介绍。
② 总体工作简介及参观。
③ 政策规章。
④ 工资与福利。
⑤ 企业历史及背景。
⑥ 机构设置。
⑦ 新员工的地位、见习期、权利和义务。
⑧ 介绍给工友。
⑨ 工作说明,开始上岗培训。

在上述程序中,基本的原则是从员工心目中居重要地位的事情开始,在员工具备工作条件时结束。不管企业的制度如何,班组长都要有信息及清单,班组长可以确定自己是否全面掌握了重要的引导范畴,也有助于班组长计划自己在这个程序中的地位。

2. 新员工引导工作流程

班组长在新员工引导程序中的作用因组织不同而有所不同。班组长可以完成整个引导过程或其中的一部分。这些工作能让新员工立即感觉到企业早已把他(或她)

当作团队的一分子了，从而避免了新员工的陌生感和孤独感，为新员工早日融入企业起到了积极作用。

新员工引导计划见表 6-1。

表 6-1 新员工引导计划

程序	计划内容
新员工到达之前的准备工作	为新员工准备一份就职计划 同你的顶头上级讨论一下新员工培训时间表及程序 把新员工介绍给将要和他一起工作的班组同事 提醒其他员工满怀热情地欢迎新员工 把新员工介绍给将要和他发生联系的所有管理人员 准备一份名单，写清楚所有班组同事的名字、工作岗位、电话号码，以便新员工尽快记住同事 准备一份重要的、供联络用的电话号码单 为新员工准备工作服和相关的安全设施、工具和工具箱，保证他们的工作环境干净整齐 准备好企业的简介、产品介绍资料和员工手册及其他的福利和劳动纪律等方面的文件 制作好新员工的员工识别卡和考勤卡 准备好企业的餐券 指定一名热情的员工在新员工报到当天陪同新员工在餐厅一起用餐 指定一名热情而有责任心的员工（用人部门或人力资源部门）担任新员工的"联络人"，以帮助新员工解决在开始工作后会碰到的一些常见问题 指定一名有相关工作经验而又有热情和责任心的员工担任新员工的"师傅"，以帮助新员工在工作前期尽快熟悉工作 通知保安、前厅接待员和用人部门新员工到达的时间 制订好新员工报到当天及其随后一周的工作安排 如新员工是异地的，应为其准备好住房和必要的生活用品以及当地城市的地图和城市介绍手册 检查一下清单，看有没有遗漏，确认新员工报到前的准备工作已全部落实
到达第一天	在新员工到达时在企业大厅等候新员工 与新员工商讨当天和一周的具体安排并介绍新员工培训的统一安排和日程 陪同新员工对整个企业做一次参观 给他们一张企业日常工作的作息时间表，包括规定的工作时间、午餐和休息时间，告知作息表的使用 介绍企业的机构及所属部门 新员工的岗位职责描述 工资级别及其变动 加班规定 缺勤、疾病、家中有事的具体通知程序（如何报告） 准时的重要性 允许请假天数（法律规定，病假、事假等） 建筑物内洗手间及其他设施的位置 程序、计划内容 到达第一天 电话的使用 安全措施 着装规定 火警盒和灭火器的位置和使用 吸烟区的位置 急救站的位置 交通及停车设施（若必要采用地图） 介绍给你的上级和邻近同事

续表

程序	计划内容
到达第一天	部门中员工与其他人的关系 介绍给部门中的同事（准备一张有职务、姓名及电话的清单） 工作区的位置，即桌子、库房、料库等 建筑物内及本地的餐饮服务 包括新员工权利和义务在内的工作描述 新员工职位的性质和重要性 参考资料、工具及辅料的位置 试用期长短
一周之后	介绍车间的整体运作情况 介绍企业的目标和文化 及时让新员工完成必要的人事手续 试用期内工作信息的收集和反馈 明确说出对他们第一个月的工作有何期望 和新员工讨论，他工作的第一个月你可以给他哪些支持 着手班组工作培训计划的实施 介绍如何报告工作中出现的事故
两周结束时	讲解工作改进的策略及步骤 介绍企业的出版物（包括年报） 介绍企业的公告牌的利用方法 向员工解释享受的服务 介绍生产成本、盈利及设备维修等经济因素 介绍企业的供应商、顾客或客户、竞争者、专业协会等外联情况 告诉他们如何加强相互间的沟通和交流 试用期评估和结果反馈 向他们提出若干问题
员工签字：	班组长签字：
部门： 职位：	日期：

二、如何开展新员工入职培训

新员工入职的第一件事就是进行入职培训。但是，很多企业都对新员工入职培训不够重视。据统计，国内的近80%企业没有对新员工进行有效培训，就安排他们上岗工作了。有的企业即便做了入职培训，也仅把它当作简单的"行政步骤"，草草了事。

其实，新员工通过入职培训可以进一步了解企业，对企业的发展情况、企业文化、业务流程、管理制度等都可以进行全面的了解。同时，入职培训也能验证招聘者在招聘过程中的各种说法，并且可以使员工进一步坚定自己的选择。因此，新员工的入职培训对企业和新员工都显得尤为重要。

入职培训由企业的人事部门主持，新员工所在班组的班组长应配合培训工作。凡涉及介绍本部门职责、功能的，均应认真准备。

1. 新员工入职培训的目的

(1) 降低员工流动率。做好新员工入职培训可以很好地降低员工的流动率。

(2) 让员工尽快适应工作。把新员工需要做的和企业的规章制度等都告诉他，使其以后少犯错误，节省时间，工作效率就相应地提高了。

(3) 展现清晰的岗位职责及组织对个人的期望。要告诉新员工即将进入的岗位，他是干什么的，你希望他做到什么。

(4) 帮助新员工更快地完成本职工作。让新员工尽快掌握本职工作所必需的工作技能与注意事项，可以使新员工更快地完成本职工作。

(5) 减少员工的抱怨。新员工得不到关照，就会产生抱怨。一次好的培训，会减少员工的焦虑和抱怨，他才能真正地专心干工作。

(6) 让新员工融入企业的文化。用强化的方式集训新员工，使其很快适应企业文化，是新员工入职培训最重要的一个目的。

2. 新员工入职培训必讲项目

(1) 企业简介。概况、企业历史、企业精神、经营理念、未来前景、企业组织说明。

(2) 规章制度，如《厂规厂纪》《员工手册》《品质方针》《行动指南》等。

(3) 企业的基本要求。如整洁的着装，对上级、前辈的应对礼节，办事礼仪、同事关系处理要领、上下班注意事项、办理企业财物手续、贵重品的取拿、5S 活动等，否则新员工不了解，更不会严格遵守。

(4) 有关工作的基本知识培训。做该工作要具备哪些知识，如何接受指示和命令，如何向上级报告，如何向有关部门和人员传达信息，遵守作业标准的重要性以及什么是 PDCA 循环手法等。

(5) 基本技能培训。工具、劳保用品、防护用具、消防器具及电话、传真、复印、计算机等办公设备的使用方法。

(6) 产品知识培训。本企业的主要产品及工作原理、服务范围、物料调配等知识。

(7) 其他如 ISO、5S、TPM 基础知识、主要客户、主要协作厂商等方面的知识。

新员工入职培训内容清单见表 6-2。

表 6-2 新员工入职培训内容清单

培训项目	序号	内容概要
企业概况	1	欢迎词
	2	企业的创业、成长、发展趋势

续表

培训项目	序号	内容概要
企业概况	3	目标、优势和存在的问题
	4	企业的传统、习惯、规范和标准
	5	企业的特殊使命和功能
	6	产品和服务、主要用户情况
	7	产品生产和对用户提供服务的方式、步骤
	8	企业各种活动的范围
	9	组织、结构、与子企业的关系
	10	组织指挥系统
	11	主要经理人员的情况
	12	各团体之间的关系、期望和活动
主要政策及过程介绍	1	报偿
	2	加班
	3	轮班制
	4	工资预支
	5	工作费用报销
	6	工资率及工资范围
	7	节日工资
	8	付薪方式
	9	购买内部处理产品的特权
	10	向贷款部门借贷
	11	纳税方法
员工福利情况	1	保险金
	2	人寿保险
	3	工人奖励
	4	病、事假
	5	退休计划及优待
	6	顾问服务
	7	医疗及口腔保险
	8	残疾保险
	9	节假日（如国家、宗教的节日、员工生日）
	10	在职培训机会
	11	自助餐厅

第六章 管好新进员工，稳定员工队伍

三、开展新员工培训的具体步骤

正确的培训步骤可以起到事半功倍的效果。正确的培训步骤如下。

1. 消除新员工的紧张心理

刚开始时，新员工心里高度紧张，生怕做错了什么，如果培训人员也板着脸，新员工就更加不知所措，结果越紧张越错，越错越紧张。可先找一两个轻松的话题，打消新员工的紧张心理，心理一旦放松，培训也就成功了一半。

2. 对工作内容进行详细解说

将工作内容、要点、四周环境等，逐一详细说明和解释。不要以为你自己懂别人也懂，不要以为问题很简单就简略地讲解。

3. 对工作内容进行正确操作示范

待新员工大致有印象后，实际操作一遍做示范，解说和示范的主要目的是让新员工在脑海里有个印象。此外，还应留意以下几点。

① 如有危害人身安全的地方，应重点说明安全装置操作或防范措施。
② 尽量使用通俗易懂的语言，如新员工有疑惑时，要解答清楚。
③ 必要时多次示范。

4. 与新员工一起做

做完一步，就让新员工跟着重复一次。对每一小步的结果都进行比较，若有差异，要说明原因在哪里，反复进行。此外，还应留意以下几点。

① 新员工每进步一点儿，都要立即口头表扬，消除新员工紧张心理和增强其信心。
② 关键的地方让其口头复述一遍，看其是否记住。
③ 观察时动口不动手，让其自行修正到正确为止。

5. 让新员工独立操作

新员工反复进行操作后，可以让其单独试做一遍，此时，班组长要站在一旁观察，以策万全。

6. 确认独立操作结果

新员工能够独立工作后，对最终结果要反复确认，直到"出师"为止。

① 作业是否满足作业标准书的要求？
② 能否一个人独立工作？
③ 有无其他偏离各种规定的行为？

7. 鼓励员工大胆创新改革

传授新员工技能后还不能算功德圆满，还要鼓励新员工大胆创新、勇于改革，促其逐渐步入新台阶。

另外，如出现下述情况也需要重新对员工进行培训。

① 因升职、调配而引起的职务变动。
② 工作的做法（方法、工序、材料等）发生变化时。
③ 变更生产及业务计划时。
④ 存在安全隐患，为了谋求彻底的安全作业时。

个别班组长生怕新员工超过自己，留上两手"绝技"不外传，殊不知，这是一种相当保守的做法，该学会的终要学会，不是在你这里，就是在其他班组里。如果没有集体意识，最终个人的存在会变得很被动，而且该教的不教，关键部分就必须亲自动手才行，如果有特殊情况班组长需要暂时离岗，就没有人能够替代。这种状况持续的时间一长，就会影响到班组的共同绩效和集体荣誉，最终也会使班组长自己的升迁机会变得渺茫起来。

精雕细刻才能出精品，想要在新员工里培养出精英，就必须花上些时间，必须有耐心，甚至要花上几年的时间才能培养出一个好徒弟。

四、新员工培训重点：安全生产

在所有的员工中最可能受到伤害的是新员工。因为新员工通常比老员工年轻和缺乏经验，而且通常未受过为能安全和有效地完成其新工作领域全部职责所需的培训，而企业的安全文化尚很难被新员工所完全理解，另外，新员工试图证明其自身价值，有时会冒许多不必要的危险。

因此，班组长应密切地关注新员工，做好新员工安全培训。

1. 新员工安全培训方法

为了确保取得更佳培训效果，班组长还应该做到下面几点。

（1）制订安全目标和职责。为新进员工制订具体的安全目标和职责。没有具体的目标和职责，新员工就很容易忽视安全行为。

（2）师傅带徒弟。为新员工提供一名师傅，师傅应能承担一对一的培训，保证以可靠和正确的方式，将标准的实践方法和程序，合格的操作方法以及全面的安全文化传授给新员工。

（3）指定一名"安全伙伴"。即使这位安全伙伴并不能在所有时间内都能和新员工一起工作，也应安排这位伙伴一日数次前来检查新员工的安全行为。这样可使新老员工双方都得到提醒：安全工作时时刻刻都不能松懈。

（4）确保监督。应保证安全经理、工长甚至工厂经理能尽量经常地进行直接检查。最不好的事情莫过于放纵新员工，只给他们极为有限的"受检次数"。上述人员直接检查新员工是否正在安全地工作，可加深新员工的印象。应该让新员工知道安全行为的得分，以及企业确实在为安全操心。

（5）不要对任何事情做假定。经多次证明，这常常是事故的原因。应当为新员工留出足够的时间来证实其经培训获得的技能，不能指望一次性的培训和演示，就能十分完善。

（6）制订期望事项。可以期望新员工会养成所需的安全举止，表现出所需的安全行为和始终坚持所需的安全行为。双倍的检查，请另一个人作为告诫人，再一次接受检查，每两周进行一次检查，凡此等等。除安全行为外，使新员工不再想其他事情，是至关重要的。还应记住，在每天的例行工作中，你的一举一动都将成为新员工的榜样。

2. 新员工的三级安全教育

三级安全教育是指对新员工的厂级教育、车间级教育和班组级教育。新员工（包括合同工、临时工、代训工、实习人员及参加劳动的学生等）必须进行不少于3天的三级安全教育，经考试合格后方可分配工作。三级安全教育的主要内容包括以下几个方面。

（1）厂级安全教育。厂级安全教育一般由企业安全部门负责进行。

① 讲解国家有关安全生产的方针、政策、法令、法规，劳动保护的意义、任务、内容及基本要求。

② 介绍本企业的安全生产情况。

③ 介绍企业安全生产的经验和教训，结合企业和同行业常见事故案例进行剖析讲解，阐明伤亡事故的原因及事故处理程序等。

④ 提出希望和要求。如要遵守操作规程和劳动纪律，不得擅自离开工作岗位，不违章作业，不随便出入危险区域及要害部位。要注意劳逸结合，正确使用劳动保护用品等。

对新员工必须百分之百进行教育，教育后要进行考试，成绩不及格者要重新教育，直至合格，并填写《员工三级教育卡》，厂级安全教育时间一般为8小时。

（2）车间级安全教育。各个车间有不同的生产特点和不同的要害部位、危险区域和设备，因此，在进行本级安全教育时，应根据各自情况，详细讲解。

① 介绍本车间的生产特点和性质。

② 根据车间的特点介绍安全技术基础知识。

③ 介绍消防安全知识。

④ 介绍车间安全生产和文明生产制度。

车间级安全教育由车间主任和安监人员负责，一般授课时间为 4~8 小时。

（3）班组级安全教育。班组是企业生产的前线，企业的生产活动是以班组为基础的。由于操作人员活动在班组，机具设备在班组，事故常常发生在班组，因此，班组安全教育特别重要。

班组安全教育的内容与第六章班组安全培训内容相同。

班组安全教育的重点是岗位安全基础教育，主要由班组长和安全员负责教育。安全操作法和生产技能教育可由安全员、培训员或包教师傅传授，授课时间为 4～8 小时。

新员工只有经过三级安全教育并经逐级考核全部合格后，方可上岗。三级安全教育成绩应填入员工安全教育卡，存档备查。

安全生产贯穿整个生产劳动过程中，而三级教育仅仅是安全教育的开端。新员工只进行三级教育还不能单独上岗作业，还必须根据岗位特点，再进行生产技能和安全技术培训。对特种作业人员，必须进行专门的培训，经考核合格，方可持证上岗操作。另外，根据企业生产发展情况，还要对员工进行定期复训等安全教育。

第七章
合理分派任务，提高团队效率

不合理派工会产生很多影响，如优秀员工不胜其累；一般员工失去发展机会；员工之间容易出现矛盾等。要解决这些问题就必须合理安排分派任务。

本章详细介绍了岗位定员与合理任用的意义和方法，以及如何安排员工轮班，如何用好技术工，如何用好临时工，如何进行生产派工。

员工定岗可以让员工在一段时间内固定在某个岗位作业，能使其作业技能尽快熟练；定岗也有利于保证管理的可追溯性，能够把责任具体落实到人，做到业绩好管理、问题好追查；定岗有利于提高和稳定员工的操作技能，确保安全生产、产品质量和产量；而且定岗也有利于工作安排和人员调配的效率。

合理派工的目的在于提高整个团队的工作效率。

第一节 岗位定员与合理任用

一、班组长如何进行劳动定员

员工定岗可以让员工在一段时间内固定在某个岗位，能使其作业技能尽快熟练；定岗也有利于保证管理的可追溯性，能够把责任具体落实到人，做到业绩好管理、问题好追查；定岗有利于提高和稳定员工的操作技能，确保安全生产、产品质量和产量；而且定岗也有利于工作安排和人员调配的效率。

1. 班组员工定岗的原则

根据员工的身体状况、技能水平、工作态度，以保证质量、产量和均衡生产为指标，可按照下述原则进行定岗安排。

① "适所适才"原则。根据岗位需要配备适合的人员。

② "适才适所"。根据个人状况安排适合的岗位。

③ "强度均衡"原则。各岗位之间适度分担工作量，使劳动强度相对均衡。

2. 班组长如何进行劳动定员

班组是企业劳动组织的基本形式，主要根据工艺规程和劳动定员做好定人、定机、定活，班组工作做好了，就为做好整个企业工作创造了良好的条件。

定员可以有计划地根据需要招收员工，组织员工进行培训，进行必要的人员分流与储备。

班组定员工作最后的决定权在于企业人力部，但班组长应该对定员工作有清楚的了解，尤其是在因产能扩大或订单增加等情况下，班组长有责任确定班组需要增加多少员工，以向上级做出申请。

（1）班组定员工作范围。企业的员工按工作岗位可拆分为工人、学徒、工程技术人员、管理人员、服务人员和其他人员，前5类人员是企业进行正常生产所必需的，都属于定员范围，其中前2类是班组定员工作的范围。

（2）班组定员方法。劳动定员的方法有以下几种。

① 按照劳动效率定员。
② 按照看管设备定员。
③ 按照岗位定员。
④ 按照比例定员。
⑤ 按照组织机构、职责范围和业务分工定员。

班组长需要掌握的是第一种方法:按劳动效率定员，具体方法如下。

$$定员人数=生产任务/（工人劳动效率 \times 出勤率）$$

二、班组长如何任用班组员工

1. 新招聘员工任用条件

班组员工大部分都由外招聘而来，使用这些员工有诸多限制，通常来说，其限制条件如下。

① 招聘的工人，须见习2个工作日后方可开始试用。
② 招聘的技工，须见习3个工作日后方可开始试用。
③ 招聘的调试员，须见习4个工作日后方可开始试用。
④ 招聘的检查员，须见习4个工作日后方可开始试用。
⑤ 招聘的修理员，须见习5个工作日后方可开始试用。
⑥ 技工、检查员、调试员之间互调，须至少见习3个工作日。

以上人员无特批，不能超越这些底线。

2. 内部员工提升与任用

要合理地提升并任用班组内部的优秀员工，也有诸多限制条件，具体如下。
① 员工提升技工，须连续良好工作 3 个月以上，无任何违规记录。
② 员工提升调试员，须连续良好工作 3 个月以上，无任何违规记录。
③ 员工提升检查员，须连续良好工作 3 个月以上，无任何违规记录。
④ 员工提升修理员，须连续良好工作 6 个月以上，无任何违规记录。

以上人员无特批，不能超越这些底线。

请注意，当技术工人降职为普工后，须见习半个工作日后方可开始工作。

第二节　如何进行生产派工

一、生产派工包括哪些内容

日常生产派工，也称生产作业分配，即根据生产作业计划及实际生产情况，为各个工作地具体地分派生产任务，它是生产进度（作业）控制的第一个环节。生产派工的好坏与到班组的生产效率直接挂钩。

1. 生产派工的内容

生产派工内容如图 7-1 所示。

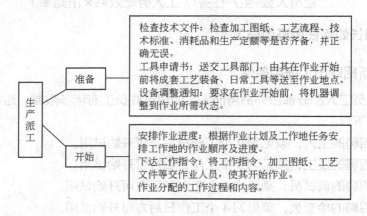

图 7-1　生产派工内容

2. 作业指令

在生产作业准备工作全部就绪或基本就绪的条件下，就可以根据已经安排好的作业顺序和进度，向各生产工人下达生产作业指令。

作业指令一般采用派工单的形式（派工单又称工票或传票）。派工单是最基础的生产凭证之一。它除了有开始作业、发料、搬运、检验等生产指令的作用外，还有为控制在制品数量、检查生产进度、核算生产成本做凭证等作用。

派工单（表 7-1）的具体形式较多，有投入出产日历进度表、加工路线单、单工序工票、工作班任务报告、班组生产记录和传票卡等。

表7-1 派工单

日期				操作工				
序号	产品名称	工序内容	单位	生产数量	派工时间	完工数量	完工时间	工价
1								
2								
3								
4								
车间主任				签收人				

二、生产派工有哪些方式

日常生产派工（生产作业分配），因车间、工段、班组的生产类型不同，所以也有不同的方式。

1. 标准派工法

在大量大批生产的工段、班组里，每一个工作地和每一个员工执行的工序比较少，而且是固定重复的，因而生产派工可以通过编制标准计划的方式来实现。标准计划，又称标准指标图表，它是把制品在各个工作地上加工的次序、期限和数量等全部制成标准，并固定下来。这实际上就是将派工工作标准化。这样就方便指导各工作地的日常生产活动，不必再经常地分派生产任务。当月产量任务有调整时，派工的任务主要是对每日产量任务作适当的调整。

2. 定期派工法

这种方法适用于成批生产和比较稳定的单件小批生产车间。派工员根据月度的工段作业计划在较短的时期内（旬、周、五日等）定期地为每个工作地分派工作任务。派工期间，要保证重点，分清轻重缓急；既要保证关键零件的加工进度，又要注意关键设备的充分负荷；工作的分派要注意适合设备的特点以及操作员工的技术特长。为了既考虑制品的加工进度，又考虑设备的负荷，在派工时要同时编制零件加工进度计划和设备负荷进度计划。

3. 临时派工法

这种方法适用于单件小批生产的车间。在此类车间里，工作地担负的制品和工序很杂，有很多干扰因素，定期地安排计划的派工方式，不仅工作量很大，而且难于切合实际进行操作。因而，一般采用临时派工法。这种方法的特点是根据生产任务和准备工作的情况及各工作地的负荷情况，随时把任务下达给工作地。采用临时派工法时，任务分配箱是帮助派工员进行工作的有效工具。它能够帮助派工员有秩序地完成每个派工过程，并随时了解各个工作地的任务分配情况、准备情况和工作进度。

三、如何进行生产派工

要把生产派工工作做好，就必须对员工技术有一个相当的熟悉程度，因此，生产派工主要由各班组长协助生产主管、生产经理来完成生产派工。

做好派工前的各项作业准备工作后，派工员（班组长）就可以依据已经安排好的作业顺序和进度，向各个生产员工发布开始作业的指令。向员工发布派工指令是以派工单的形式进行的。

派工单，又称工票，或作业传票等。派工单是最基本的生产凭证之一。它除了有开始作业、发料、搬运、检验等生产指令的作用外，还起到作为控制在制品的数量，检查生产进度，核算生产成本的凭证等作用。正确合理地使用派工单，可以加强企业的生产管理。每个生产车要选择符合自己生产特点的派工单形式，建立健全工单的运行制度，并教育员工认真地执行。

派工单的具体形式很多，有加工路线单、单工序工票、工作班组任务报告、班组生产记录以及"看板"等。现在将一些主要的形式说明如下。

1. 加工路线单

加工路线单又称长票、跟单、工件移动单等，是在成批和单件生产类型中采用的作业指令形式。它是以零部件为单位综合地发布指令，指导生产员工根据既定的工艺路线顺次地进行加工。加工路线单跟随着零件一起转移，各道工序共享一张生产指令。

加工路线单优点是有利于控制在制品的流转，加强上下工序的衔接。缺点是一票跟到底，周转环节多，时间长，容易丢失，不易及时掌握作业情况。这种形式适应于生产批量小的零件，或虽然批量大，但工序少、生产周期短的零件。

加工路线单见表 7-2。

表 7-2 加工路线单

产品：　　　　　　　　填发日期：　　年　月　日　　　　　卡片编号：

件号	零件名称	每台件数	计划投入			实际投入		
			件	台	累计	件	台	累计

日期		工序序号	机床号	员工收到		工时定额		检查结果				检查员（签章）
月	日			数量	签章	时间	单件	合格	返修	工废	料废	

合格入库数	检查员签章	仓库盖章	入库日期	备注
			年　月　日	

2. 单工序工票

单工序工票又称短票、工序票等，是以工序为单位，一序一票。单工序工票记录一道工序的生产情况，一道工序完工，零件送检，检验员在工票上记录有关事项后，工票返回到计划调度人员，计划调度人员再为下一道工序开发新的工票。单工序工票的优点是周转时间短，使用比较灵活，可以像使用卡片那样，按不同要求进行分组、汇总和分析。其缺点是一序一票，工作量较大。对于批量大的零件，使用这种派工单比较适宜。

单工序工票见表 7-3。

表 7-3 单工序工票

机床号：　　　　　　　　　　　　　　　　　　　年　月　日
票号：

产品编号	件号	件名	序号	序名	单件定额	每台件数	投入件数	
							本批	累计

日期	班次	操作者	加工时间		完成		检查结果				检查（印）	备注
			起	止	工时	件数	工时额定	合格	回用	退修	工废	料废	

生产组长：　　　　　　　　　　　　　　　　　计划调度员：

3. 传票卡

为了保证各工序之间的衔接，可以采用"传票卡"这种凭证作为辅助工具。传票卡也称"看板",是一张张的卡片,预先填好制品的名称、材质、重量、加工地点、运送地点、工位器具及容量等项目。每张传票卡固定代表一定数量的制品,例如一张一件或一张十件等。传票卡必须随同实物一起流转。

正确地使用派工单,对于加强企业的生产管理有着重要意义。企业应该选择符合自己生产特点的派工单形式,建立健全的派工单运行机制,并教育员工认真地执行。

第三节 如何安排员工轮班

一、如何安排工作班制

工作轮班是指在分工的基础上,把为完成某项工作相互协作的有关员工,从时间上组成几个班次的劳动集体。工作轮班是在时间上分工协作的相互联系。班组长对轮班组织工作的组织,主要包括内容:合理安排各班工人的倒班;合理组织员工轮休;合理配备各班人员力量;加强夜班生产的组织领导;划清各个轮班的责任,建立严格的交接班制度。

1. 单班制

每天只组织一班生产。它有利于员工的身体健康,便于进行人员与生产管理。但是会造成设备、厂房闲置,不能充分利用,引起不必要的浪费。

2. 多班制

每天组织两个或是两个以上工作班生产。又可分为两班制、三班制、四班制。

两班制:早、中两班,每班8小时。

三班制:早、中、晚班,每班8小时,中晚班可少于8小时。

四班制:每个工作涉及四个班组,共同有效进行作业。

实行单班制还是多班制,主要由企业生产工艺的特点所决定。工艺过程不能间断,必须连续生产的,例如电力、化工、石油、冶金等企业,必须实行多班制。工艺过程可以间断的,例如机械制造、纺织等企业,可以实行单班制或多班制。由于单班制不会出现轮班工作的组织问题,所以轮班工作法只适用于实行多班制生产的车间或班组。

3. 多班制生产的要求

实行多班制生产,必须做好工作轮班的组织工作。要求做到以下几条。

① 合理安排轮班,保证员工身体健康。

② 各班员工均衡配置。
③ 加强夜班生产的组织与服务。
④ 严格交接班制度。

二、如何安排倒班和轮休

轮班工作的组织需要解决的主要问题有两个，即如何倒班和轮休。

1. 倒班

在实行多班制的情况下，例如在三班生产情况下（一般夜班为 0~8 时，早班为 8~16 时，中班为 16~24 时），由于各个轮班的工作条件差别比较大，特别是进行夜班生产对员工的生活和健康有较大影响，所以不能固定地由某一些人长期做一种班次，必须在各班员工之间定期倒换班次，也就是进行所谓的倒班。

倒班的方式分为两种。

① 正倒班，即在轮换班次时，各个工作班都按夜、早、中的正顺序倒班，即原来上夜班的倒早班，上早班的倒中班，上中班的倒夜班。

② 反倒班，即在轮换班次时，各个工作班都按夜、中、早的反顺序倒班，即原来上夜班的倒中班，上中班的倒早班，上早班的倒夜班。

这两种倒班方式，分别适用于不同的条件，但一般正倒班运用较多。研究证明，正倒班与人体生物钟的顺转相符，有利于解除员工的疲劳。

2. 轮休

在实行多班制的情况下，假设全年内每天都组织生产，公休假日和法定节日也不间断，员工就无法得到统一的公休日。这就必须配备替休人员，组织轮流休息，简称轮休。合理的轮休组织，应该符合以下原则。

① 要保证公休日的生产工作照常进行，并有利于加强各项组织和管理工作。

② 要保证员工按国家规定的公休日数休息，并合理安排连续夜班的次数和在倒班时拥有充分休息时间，以利于员工的身体健康。

③ 要保证合理地节约地使用劳动力，不造成人员浪费，以利提高劳动生产率。

④ 要考虑到生产和生活的实际条件，并照顾到员工的习惯和方便。

在组织轮班工作中，如果单独地组织倒班或组织轮休，方法比较简单。复杂的是在连续生产中，如何把组织倒班和组织轮休相结合。

三、如何安排工作轮班

不合理派工会产生很多影响，如优秀员工不胜其累；一般员工失去发展机会；员工之间容易出现矛盾，等等。要解决这些问题就必须合理安排轮班。具体方法如下。

1. 两班制

两班制的倒班方法比较简单，通常是员工每周倒换一次班次，即这一周上早班，下一周上中班，再下一周又上早班。如果公休日工作照常进行，则在两个工作轮班里每班都配备替休人员。由于员工是工作6个工作日休息1天，故替休人员按6与1的比例配备，即6个员工能够进行的工作配备7个人，其中每天都有1个人轮休。

2. 间断性三班制

即每天分夜、早、中三个班次组织生产，公休日停止生产，员工一起休息，公休日后倒换班次。这种方法适用于工艺生产过程可以间断的生产单位。

在间断性三班制中，正倒班和反倒班两种形式都可采用，因为是在公休日后倒班，可把倒班时间和公休日相结合，能保证员工得到充分休息。但还是以采取正倒班形式为好，因为除了上述原因外，公休日前最后一班（中班）的员工，就是公休日后第一班（夜班）的员工，可以避免因为公休日导致全部停止生产而使工作无法交接的现象，有利保证工作的连贯性。

3. 连续性三班制

即全年内除设备检修等时间外，每天全部分夜、早、中三个班次组织生产，公休假日和法定节日也不间断。这种方式广泛实行于生产过程不允许中断的企业中。实行连续性三班制，不但须正确解决倒班问题，而且更要合理地组织员工轮休。按照轮休组织方法的不同，连续性三班制又分为三班轮休制、三班半轮休制、四班轮休制（即"四班三运转"）三种。

（1）三班轮休制。即在三个工作轮班里每班都配备替休人员，替休人员按6与1的比例配备，7个人中每天都有一个人轮休。实行三班轮休制最好不要采用正倒班的方式，因为正倒班时必然有一个班（中班倒夜班）要连续工作16小时，不利于工人健康。三班轮休制的倒班方法见表7-4。这样做能解决工人的连班问题，但有两个班在倒班时（中班倒早班，早班倒夜班）相隔时间只有8小时，工人得不到充分休息，同时，工人还要连续上6个夜班。这是这种轮休制度的主要缺点。

表7-4 三班轮休制的倒班方法

班次\星期	1	2	3	4	5	6	日	1	2	3	4	5	6	日	1	2
员工1	○	早	早	早	早	早	早	○	夜	夜	夜	夜	夜	夜	○	中
员工2	早	○	早	早	早	早	早	早	○	夜	夜	夜	夜	夜	夜	○
员工3	早	早	○	早	早	早	早	早	早	○	夜	夜	夜	夜	夜	夜

续表

星期 班次	1	2	3	4	5	6	日	1	2	3	4	5	6	日	1	2
员工4	早	早	早	○	早	早	早	早	早	早	○	夜	夜	夜	夜	夜
员工5	早	早	早	早	○	早	早	早	早	早	早	○	夜	夜	夜	夜
员工6	早	早	早	早	早	○	早	早	早	早	早	早	○	夜	夜	夜
替休日	早	早	早	早	早	早	○	早	早	早	早	早	早	○	夜	夜

（2）三班半轮休制。即在三个工作轮班里，不配备替休人员，另外配备半个班来替换轮休，故称三班半轮休制。由于三个工作轮班多配备半个班，所以替休人员也是按6与1的比例配备的，每天有半个班的员工轮流休息。

实行三班半轮休制时，通常将三个工作轮班每班分成两组，加上替休的半班为一组，共7组。一般采用的轮休方式如表7-3所示。这样每个组都是工作6个工作日后休息1天，倒班的时间都在公休日后进行，使员工可以充分休息。缺点是在每个轮班工作的不是固定的两个组，因而增加了管理的负担。三班轮休制倒班方法见表7-5。

表7-5 三班半轮休制倒班方法

星期 班次	1	2	3	4	5	6	日	1	2	3	4	5	6	日	1	2	3	4	5	6
甲班1组	○	夜	夜	夜	夜	夜	夜	○	早	早	早	早	早	早	○	中	中	中	中	中
乙班1组	夜	○	早	早	早	早	早	早	○	中	中	中	中	中	中	○	夜	夜	夜	夜
丙班1组	早	早	○	中	中	中	中	中	中	○	夜	夜	夜	夜	夜	夜	○	早	早	早
替休班	中	中	中	○	夜	夜	夜	夜	夜	夜	○	早	早	早	早	早	早	○	中	中
甲班2组	夜	夜	夜	夜	○	早	早	早	早	早	早	○	中	中	中	中	中	中	○	夜
乙班2组	早	早	早	早	早	○	中	中	中	中	中	中	○	夜	夜	夜	夜	夜	夜	○
丙班2组	中	中	中	中	中	中	○	夜	夜	夜	夜	夜	夜	○	早	早	早	早	早	早

（3）四班轮休制（即"四班三运转"）。2人组成四个工作轮班，每天按夜、早、中三个班次轮流生产，有一个班的员工轮休。替休员工是按3与1的比例配备的，因此员工工作3个工作日后可以休息1天。

因为多配一个班进行轮休，所以四班三运转便于根据需要组成多种形式。现行比较普遍形式的有以下三种。

① 以4天为一个循环期，采取正倒班，每班员工按夜、早、中班顺序轮流各上一班，工作3天后休息1天。

② 以8天为一个循环期，采取正倒班，每班员工按夜、早、中班顺序，轮流

各上两班，工作6天后休息两天，其中1天可用于组织学习或从事辅助生产活动。

③ 以12天为一个循环期，每班员工连续三天工作一种班次后，休息1天，再倒另一班次。

4. 四班六小时工作制

即每天分四个班组织生产，每班工作6小时。各个班次的工作时间一般为：第一班0时至6时，第二班6时至12时，第三班12时至18时，第四班18时至24时。各班员工每周倒换一次班次，通常采取正倒班方式。

四、如何安排缺席顶位

顶位是指原先固定的作业人员因故缺席，由另外一位作业人员代替其继续作业的行为。一般缺席顶位的时间较短，但没有规定具体的时限，在顶位人员未完全掌握作业之前，都可认为处于缺席顶位状态。

1. 顶位的分类

（1）按顶位时间长短不同，可分为两种。

① 短顶。指短时间内的顶位，一般不超过10分钟（企业不同，时间规定有所不同）。上洗手间、喝水多属于这一类。

② 长顶。指时间较长的顶位，一般指一天以上一星期以内的顶位。病假、事假多属于这一类。

（2）按顶位人员的顶位次数不同，可分为两种。

① 单顶。指一个工作日内，顶位人员只对该工序进行一次顶位。

② 连顶。指一个工作日内，顶位人员对该工序进行两次以上的顶位，这种现象最为普遍。

缺席是难以避免的。有的工序可暂停工作，等到本人返回后再继续；而有的就不可以，如流水线作业，需要有人立即顶位（补缺），生产才可顺利进行。

2. 安排顶位的要点

顶位人员需要具备同等或不低于原作业人员的作业能力，才能保证作业品质。若顶位人员平时没能得到良好的训练，顶位时就无法适应流水线作业强度，无法确保作业品质。安排顶位应注意的几个要点。

（1）培养多能工，随时替补。许多作业不良现象的产生，就是由于顶位人员不熟练而造成的。平时有计划地培养全能员工，是填平缺席陷阱，避过危机的有效方法之一，并要对顶位工序进行重点确认。

在计算作业工时、配置人数时，必须考虑缺席顶位的时间，也就是要包括多能工。多能工人数的比例要根据长顶和短顶发生的比例来确定。

（2）分解工序。有些工序的作业想要获得熟练的技巧，就需要经过长期的经验积累。缺席顶位时多能工无法立即适应该工序的作业强度，造成堆积，而影响全工序的工时平衡，此时可用以下方法解决。

① 人海战术。即两个人顶一个位，三个人顶一个位。

② 工序转移。将部分作业内容转移至其他工序进行，或压后再做。

（3）顶位期间，重点确认。不要以为派了个人顶位，就可以完全顺利了。顶位人员的作业品质是否符合要求，要确认了才知道。当作业标准发生改变，可顶位人员尚不清楚其内容时，就会造成很严重的后果。班组长自己要对作业结果进行定时确认，尤其是长顶，确认的频度视实际情况而定。

① 起初可确认3～5台，隔一段时间巡查一遍，直至稳定为止。

② 必要时记录相关数据，或留下样品。

（4）设置顶位标识

① 作成《顶位牌》，悬挂在该工序的显眼位置上。它可以提醒管理人员、工程技术人员、品质监察人员时刻留意该工序的作业品质。

② 也可以将顶位人员（多能工）的着装予以区别，使顶位人员从外表看来就一目了然。

③ 必要时可对作业对象（半成品、成品等）进行标识管理，这些标识尽可能做在二次外观（不显眼）的地方。

（5）其他要点

① 缩短连续工作的时间。连续过长的工作时间，使得效率反而下降（除了特殊工序之外）。如每隔2h就统一休息10min，其益处在于：有充足的时间上洗手间，避免中途缺席；简单进食和饮水，恢复体力，降低作业疲劳；联络私人感情，预防作业时间内的"交头接耳"。

② 降低产量。每当年头年尾、重大节假日时，缺席量很大，顶位量不足。当顶位工序增多，作业工时完全被打乱，每个工序都有不同程度的堆积时，为了确保作业品质，可减少产量或工时增大。这是万不得已的时候使用的方法，这样做就意味着整个生产计划要重新编排。

③ 跳空数台。某工序的短顶实在找不到人时，在前一道工序上暂停投入，直到后工序本人返回为止。但是，这样生产线便会出现短暂"真空"，要注意"真空"也会破坏工时平衡。

④ 缩短上洗手间的时间。上洗手间的次数和时间很难控制，自觉性好的人总是速去速回，而自觉性差的人则趁机休息一下。这取决于当事人的实际生理需求和敬业精神。对此既不能强行限制，也不能大声训斥。想要解决好这个问题，具体做

法如下。

　　a. 顶位人员每人发一个秒表，将每一个被顶位人员的缺席时间如实测算和记录下来。

　　b. 每星期统计一次，按每个人缺席时间长短的顺序排列并打印出来。

　　c. 该表张贴在公共看板上或洗手间过道上，每次保留 3 天。

　　⑤ 班组长对此不作任何计价，只是定期向众人公布而已，由众人评说。

　　⑥ 开工前，调配好顶位人员，不要等到开工后才来找人。班组长要早来晚走，其目的之一也在于此。如果自己也姗姗来迟，生产线大半会开动不了。

　　⑦ 多能工的职责不同于管理人员，两者不能混淆。会做不等同会管理，如果没有对多能工进行管理手法的培训，就不要授权让其从事管理工作，否则管理层次变多，指示、反馈将更加迟缓。

　　⑧ 演练再演练。养兵千日用兵一时，一个好的顶位人员不仅需要设置，更需要演练，这样关键时刻才能救急。

第四节　如何用好技术工

一、如何管理班组多能工

　　技术员工是掌握和运用技能，利用知识或技能工作的人。多能工是指那些在生产作业中可以从事多种岗位作业的人员。因为他们可以被灵活机动地调遣，所以，他们是生产部的活动资源和宝贵财富，作为班组长应该多加栽培和呵护。

　　对多能工的管理有多种方式。

　　① 挑选手脚灵活、接受能力好、出勤率高的作业人员，作为多能工的首要人选；必要时尽可能扩大范围，让更多的人变成多能工。

　　② 建立清单，如多功能岗位表（表7-6），以便于掌握现状。

表 7-6　多功能岗位表

序号	姓名	AM 检查	FM 检查	CD 检查	动作检查	外观检查	备注
1		○	☆	△	√	☆	
2		○	△	√	○	√	
3		☆	√	○		△	
4		△	○	√	√	√	
5		○	☆	√	√	√	
6		△	☆	√	√	√	

续表

序号	姓名	AM检查	FM检查	CD检查	动作检查	外观检查	备注
7		√	√	○	☆	△	
8		☆	△	√	√	○	

说明：☆表示技能优异，可以指导他人；√表示技能良好，可以独立作业；△表示具有此项作业技能，但不很熟练；○表示欠缺此项作业技术。

③ 对他们的工作进行定时调换，以确保完整的熟练度。

④ 注意充员，平时有意识、有计划地对其进行所有工序的培训，使其掌握作业内容和适应作业强度。

⑤ 必要时区别他们的强项，并注意栽培和使用。

⑥ 要将多能工的待遇与一般作业人员适当区别开来，才能发挥多能工的积极性。但多能工之间的岗位职能的津贴要尽量做到平衡化。

二、如何用好技术员工

在班组，技术员工是指具有一定技能的少数群体，所以在工作上对其有一定的依赖性。班组长既需要发挥他们的创造性及独立思考能力，同时又需要用一定的纪律对其进行约束，在管理上有一定的难度。

如何用好、管理好这些员工呢？以下几个要点可供参考。

1. 班组长要放下架子

一般技术员工都具有独立的思考能力，有他们自己的价值观和抱负，他们往往和班组长一样对很多事情有深刻的认识。班组长应该放下自己的架子，与他们平等和平共处。

2. 吸纳他们的建议

技术员工对工作的开展往往有很多自己的建议，而这些建议一般又容易和他们的抱怨混淆在一起。班组长必须静下心来，仔细分析这些不一样的看法。这时你会发现，在某些问题上，他们可能比你更有见地。把他们当成自己的志同道合的合作者，会更有利于工作的开展。

3. 讨论和命令并重

技术员工一般不太喜欢被别人命令，而是喜欢根据自己的意愿去做事。但当大家在一起讨论而达不成一致时，就需要进行决策，并采用命令的方式强制执行。

4. 出现问题要敢于批评

不必担心技术员工害怕批评，因为技术员工对待批评可能更加理智和客观。通常来说，作为班组长，只要你的批评有理有据，能把他们说服，技术员工不但不生气，还可能会佩服你的才能。

5. 制度的公正比合理更重要

技术员工往往会抱怨他们的贡献与收入不成比。业绩考评很难让每个人都满意，所以，制度的公正性比合理性更重要。即使某个制度不尽合理，但只要对每位员工一视同仁，产生的矛盾往往不会很大。

第五节 如何用好临时工

一、临时工的特点

临时工，是指使用期限不超过一年的临时性、季节性员工。临时工在满足企业生产、经营、管理工作不均衡时起着很大的作用。班组长要将其纳入规范化的管理轨道。

临时工有如下特点。

① 素质普遍不太高。
② 劳动纪律性不强。
③ 工作范围和内容很杂。
④ 用工成本相对较高。

二、临时工的管理内容

由于临时性质所决定，对临时工的管理方法是与正式工有区别的。

① 临时工的岗前训练少，所以，要加强工作过程中的监控。
② 临时的工作任务往往具有突然性，大家的认识都不是很深，因此，要派得力人员实施管理。
③ 最好给临时工配置专门的工衣，以示区别。
④ 工作的追溯性差，一般只通过确认结果来评价过程。
⑤ 通常须在专人的指导或跟踪下开展工作。

三、班组长如何管理临时工

1. 加强培训与教育

严格岗位的安全技术培训和劳动纪律教育，经过考试合格后建立相应的个人档案，发给所从事岗位的上岗证，方能上岗。

严格安全规程教育，刚分到班组的临时工不能单独进行作业，要加强自助保安和互助保安，形成安保网络。

2. 要保护临时工的合法权益

做好临时工的劳动保护和劳动保险工作，关心他们的思想、生活等各类问题，消除歧视态度，为他们创造一个良好的工作生活环境，增大管理安全系数。

3. 强化安全监督

特别要做好临时工的现场监护，既要对工作任务进行明确细致的安排，又要对安全注意事项和事故防范措施进行交底，避免发生意外。

从班组发生的临时工安全事故原因看，一些事故和惨剧的发生，就是由于不但随便扩大临时工工种范围，而且失去必要的工作监护造成的。有些工作本应由技术工人来做，但班组长以为临时工容易使唤，所以什么工作都叫临时工来。

4. 加强对临时工的动态考核

对工作表现不好，不服从管理和对违反安全规章制度或劳动纪律的临时工要坚决予以辞退，排除安全生产过程中的不安全因素和隐患。

现在大量企业会雇用钟点工、兼职人员以及打短工者等非正式员工，班组长也必须面对如何管理这些员工的问题，具体管理方法可以参照临时工的管理方法。

第八章
加强员工培训，提高工作绩效

　　培训，对于员工来说，是为了使员工具有高水平完成本职工作所需的知识、技能、态度、经验。对于从企业来说，是为了提升企业竞争力，增强企业的凝聚力，提高企业的战斗力。

　　培训可以减少发生事故，改善工作质量，提高员工素质，降低各种损耗，提高产品研发能力，促进整体管理水平。

　　总之，培训可以让员工自强，让企业的血液不断得到更新，让企业永保活力，具有竞争力。

　　所以，班组长要加强员工培训工作。

第一节　班组员工培训基础知识

一、班组员工培训工作步骤

　　训练员工的步骤包括告知、示范、观察、口头解释、检查。在此，特别注意的是务必遵循这5步，千万不要跳过其中任何一步，否则就会前功尽弃。

1. 告知

　　班组长必须告知员工要教他什么内容，以及为什么要教他。要让员工知道这项工作不仅与他的作业系统有关，而且要让员工知道其重要性。员工就会自动培养出对学习的兴趣，因为他们感到工作学习与其自身利益有关。作为班组长，还要学会如何去进行分析、说明工作成果。

2. 示范

　　在这个步骤中，是要求班组长不管多简单的动作，只要员工没做过，都要实地操作给他看，还要仔细地讲解，过程不要太快，因为每一个人学习的速度都不尽相同，班组长觉得简单的事员工不一定会理解，所谓会者不难，难者不会！这一步是你做给他看，即示范。

3. 观察

　　当做给他看了之后就要让他自己来做，班组长要一次一个步骤地观察员工的操作，必须确认他的每一个步骤是正确的，这被称作实地训练，是真正进行沟通的好机会。一方面看老师教的怎样，另一方面看员工学的怎样。如果发现员工有错误，就一定要立即当场纠正，直到他的作业规范为止。这一步是让他做给你看的过程。

如果将前面及后面的步骤连贯起来，就是：
不知道——了解——做给他看——他做给你看——看他们做。

4. 口头解释

这个动作其实是第三个动作的延续，可让员工更了解如何进行操作。也就是要求班组长在员工操作的同时，可以要求员工同步骤解释他的每一个步骤，就可以看出他是否真正了解他的工作，也可以看出他的观念、理念正确与否。如果不对，班组长就必须立即进行现场纠正。在他解释的同时，也许会感觉到，执行该项工作的员工有多么重要。

5. 定期检查

定期检查的原因有两点。

① 可以确认员工是否有采纳正确的方法进行操作，是否经过长期的工作对规范化操作变得生疏，或是因其他干扰而让动作产生了变异。因为人们在长久反复同样的动作时，往往会淡化或遗忘某一些标准，而自身的动作不知不觉中产生了变异。如果有发现这种状况就必须立即纠正。

② 在这个过程中，可以基于员工的成绩做一些正面的回馈，即前文探讨的总结成果，以作鼓励，因为人人都有成就感，正面的回馈可让员工因为有所成就感而更加努力工作。

二、班组培训工作实施要点

培训每时每刻都有必要，因为培训是建设一支以少投入、大产出的班组团队的唯一有效方法，而且随着技术的迅速更新，它还是对员工进行再培训的有效途径。员工如果不经过再培训，很可能就会失业。作为一名班组长，你是否使员工以最低的成本投入完成任务，这些都是他人对你进行评判的主要标准。员工培训是你达到这个标准的最为有效的手段。

1. 注重训练及鼓励表现平庸的员工

班组长应撇开对员工的偏见，耐心地观察每位员工的表现，发掘他们的潜质所在，及时加以训练及鼓励。

员工不可能全部都是优秀称职的，如果平时将一切均寄望在优秀员工身上，当优秀员工流失后，班组往往会出现青黄不接的情况。所以班组长应注重对资质平庸的员工的训练及鼓励。

将一个资质平庸的员工培育成优秀员工并非易事，不是每个班组长都有这份耐性和雅量。但想成为优秀的管理者，就得有这种雅量。

将资质平庸员工培育成优秀员工的方法如下。

① 在众员工中选择专心的人。只有那些工作时连私人电话都不愿听的下属，才算是首选。

② 怪脾气的下属。有些员工不大合群，却也不被人讨厌；这些员工喜独来独往，有着别人难以说服的习惯；虽然他平时表现平庸，但猜不到他是否未尽全力。当你试着跟他谈谈抱负一类的话题，可以得知他对工作是否热诚。此外，了解他的人生观是否积极，通常有积极的人生观才会积极地投入工作中。

③ 半强迫性地要他念有关工作的课程。一星期起码让他在工作时间中抽半天时间学习新知识和新技能，看他的态度如何，如果能孜孜不倦地研习当天所学，就继续训练。

当你一旦把这些员工培养成技术专家，你的管理水平自然而然也会上一个层次。

2. 要给老员工提供培训机会

几乎所有的新员工都要参加针对他们新的工作任务的培训。但是，那些和班组长一起工作时间达到三四年的人呢？因为他们在做着本职工作，班组长很容易得出这样的结论：不必给那些已经熟悉了如何工作的老员工提供培训机会了。这一观点明显是不正确的。

如果员工在过去的 2 年内没有接受过任何培训，他们的技能可能过时了。员工们接受培训不仅仅是为了学习新技术，也是为了让他们系统地复习一下他们已经掌握的技术，温故而知新，在原有的基础上就会有新的提高。不经过系统接受新理论和新实践的培训，即使最优秀的员工也跟不上技术的革新与进步。员工们守着老一套方法不思进取，固守成规，不但他们会失去很多机会，也会影响整个企业的发展。所有这些都是让他们参加培训的迫不得已的原因。因此，向员工（甚至是那些资格老的经验丰富的员工）提供和他们各自领域的人相互切磋和交流经验的机会是班组长人员管理的重要职责。

下面几点是班组长给员工提供培训的技巧。

① 在如何提高员工的技术水平这个问题上和所有的员工都谈谈。对所有的员工不要拘泥于一种形式。

② 把关于培训的话题和每个人现在从事的具体工作联系起来。

③ 让每个人都享有随时参加培训的机会。

④ 寻找更新员工技能的替代方法。正规的培训不是你的员工掌握最新技能的唯一途径。比如当你送某个员工参加培训，在他学成回来后，让他把自己所学到的知识传授给大家，并使这种做法形成一个惯例。

3. 让员工学会自我管理

研究表明，现在许多加入工人队伍的人都不愿意被人监管，但他们却缺乏在没有监管条件下工作的自我管理技能。聪明的班组长应该非常清楚，每个人都有向往自由的愿望，所以应该尽可能地给员工更多自主的权利。

既然员工无法有效的进行自我管理，那么唯一可以做的就是培养他们这种能力，否则这类问题便无法解决。尤其是对新员工，由于他们对周围环境仍很生疏，而且今后还有很多的路要走，所以自我管理能力对于他们至关重要。

① 同每一位新员工都谈一谈这个问题。告诉他们你愿意给他们更多的自由，只要他们能够进行有效的自我管理，当班组长不在场时，也能够把自己的工作做好。

② 让每一位新员工都参加自我管理的培训。寻找这样的培训机会：让员工学会合理安排自己的工作和时间；学习如何设定目标并激励自己去达到它。另外，将一群新员工组团送去培训，往往可以达到令人惊人的效果，他们在懂得了如何管理自己之余还可以学会互相帮助，学会在艰难的时候同舟共济。

③ 当员工学成归来时，应马上找一些需要运用自我管理技能的工作交给他们去做。实践是最后一位老师。再邀请一些擅长进行自我管理的员工，协助他们制定一些计划，因为他们自己有过相同的经历，懂得如何帮助那些新手。这样做的另一个好处就是可以让那些擅长者更加熟练的运用这种技能。

4. 注重亲自指导

对员工来说，获益最大、最直接的学习当是来自"直接主管的指导"。由于班组长是最接近员工、也是最了解员工实际工作状况的人，因此能对员工提出较直接、即时、有建设性的建议，让员工能在实际的运作上有所改进、并从中学习到很多技能。

一个好的班组长，从接到职务的第一天起就有一个重要的任务：培养这个职位的接班人，唯有如此，组织才能不断地有效运作，不会因人员调动而有断层现象。为了培养接班人、提升所有员工素质，每个班组长都必须将教育员工的工作，当作自己分内应尽到的责任。这样做除了有利于组织的稳健运行，对班组长个人来说，唯有培养了适当的接班人后，班组长才有向上晋升的希望；因为若组织一直找不出适当接替此职务的人选，则最大的可能就是让原来的班组长留任。由此可知，班组长对员工的指导，将是个一举三得（员工，班组长、企业组织皆获利）的最理想的教育训练途径。

5. 给员工"充电"的动力

在世界正不断发生着日新月异变化的今天，知识作为个人与集体发展的最主要因素的作用被凸显出来。"不学习就意味着不前进，不前进就意味着退步，而退步就意味着被淘汰"，这已成为残酷不争的事实。在这种背景下，员工们的最大愿望就是不被时代所淘汰，而这就需要员工在知识方面不断充实和提升自己，始终让自己跟上形势发展的步伐。

充电学习的注意要点如下。

（1）关注作业技能。很多作业是需要技能的，技能是可以标准化的，因而是可以通过训练被员工们所了解和掌握的。

（2）学习从应用与行动开始。对于员工来说，学习是为了解决问题，提升能力，从而改善工作绩效，任何与此无关的学习都是毫无意义的，因此，必须将整个学习的注意力放在"如何才能改变自己"上。在学习每个单元或每一部分内容时，一定要把自己放进去，提出一个或若干个与自己有关的问题，然后通过应用与行动提高能力。

（3）关注细节。关注细节就是关注发生在你身上的事，关注具体操作、关注作业"动作"。例如，目标管理，你应当关注的不应是"什么是目标管理""目标管理适合不适合我的企业""目标管理的制度保证如何建立"等这些方面。应当关注"我如何能建立一个好目标"、"目标不好衡量怎么办"等，学会了如何处理这些细节，目标管理就会很科学地在企业中建立起来。

（4）团队学习。团队学习的效率是最高的。团队学习一方面可实现相互启发、相互交流、相互学习、相互促进的效果。

6. 掌握培训的时机

操作员工工作时间为三班倒，培训时间难以统一。一般制造业的企业一年中总有一两个月是淡季，班组长可以利用淡季集中对员工进行系统培训。

① 在展开新工作、特别重要的工作或特殊工作时，例如新产品试制时的新工艺、新技术的培训。

② 在员工的工作暂时告一段落，而工作的成果要有所提高时。

③ 要与员工到其他班组去展开工作时。

④ 在员工提出有关问题或在工作中发现失误时。

⑤ 在员工与相关部门发生隔阂或冲突时。

⑥ 当工作不能按预定计划展开或工作中出现问题时。

7. 了解班组员工培训主要项目

① 与工作直接有关的职能如新技术、新工艺等。
② 有关管理知识技能、人际关系协调等。
③ 关键岗位员工岗位工艺基础知识和操作技能等。

第二节　员工培训实务技巧

一、如何进行岗位操作知识的培训

一线生产员工在工作中经常会用到作业指导书、作业标准书等生产指导文件，班组长有责任对员工，尤其是新进员工进行操作知识的培训，使员工能够识别这些基础文件，并按照文件的规定来进行操作。班组长有责任对员工，特别是新进员工进行操作知识的培训。

1. 教导员工识读作业指导书

（1）介绍作业指导书的内容。作业指导书一般应包括下列项目。
① 产品名称、工序名称。
② 产品简图或作业照片。
③ 操作说明及注意事项。
④ 使用物料名称、规格、数量。
⑤ 使用设备、工装夹具。
⑥ 检验项目、规格、标准。
⑦ 标准工时。
⑧ 标准不良率。

（2）讲解指导书中的重点。指导书中的下列事项，班组长必须特别注意在培训时加以说明。

① 所有作业过程中所涉及的必须使用的零件、设备、治具、工具、消耗品等用品都在指导书里作出明确规定，当技术指示有使用量要求时在指导书相应栏也有用量注明。

② 对防静电要求作业、安全规格作业、附带作业指导书，都要盖上了相应的识别印章，对防静电要求作业还明确规定防静电要求的等级。

③ 作业顺序不可调整的作业，已经明确在何种作业项目之前（或之后）进行，而且显示标识"作业顺序不可调整"的字样。

④ 对于有取放要求、易损坏的零部件（如镜片、感光材料等），指导书中要特

别注明拿取部位和取放方法。

⑤ 特殊工程的作业标准,要注意讲解一般零部件的不同之处。

(3)培训教导员工按文件操作。

① 要求员工认真执行操作规程。

② 指导班组成员遵守操作规程。

③ 要求员工了解和熟悉操作规程的编制内容。

a. 岗位职责、范围。

b. 工艺流程简述及设备概述。

c. 工艺指标。

d. 开、停车步骤。

e. 巡回检查路线图。

f. 突然停水、电、气以及出现一般性事故的处理方法。

2. 岗位操作培训内容

(1)教导员工遵守制度。遵守劳动纪律、工艺纪律、操作纪律、工作纪律。执行交接班制度、巡回检查制度,禁止随意离岗脱岗,禁止进行与生产无关的一切活动。

(2)教导员工安全操作细则。执行岗位安全操作细则,以防刀伤、碰伤、棒伤、砸伤、烫伤、跌倒及身体被卷入转动设备等人身事故和设备事故的发生。

(3)教导员工操作设备

① 开机前,全面检查设备有无异常,对转动设备,应确认无卡死现象、安全保护设施完好、无缺相漏电等相关条件,并确认无人在设备作业,方能启动运转。启动后如发现异常,应马上检查原因,及时反映,在紧急情况下,应按有关规程采取果断措施或立即停车。

② 遵守特种设备管理制度,禁止无证操作。正确使用特种设备,开机时必须注意检查,发现不安全因素应马上停止使用并挂上故障牌。吊机操作人员作业时要避开重物,禁止乱摔、乱碰斜吊重物等野蛮操作。

③ 使用机械设备时,应说明条件与作业标准,并做好保养工作,遇有紧急情况,需按照标准采取措施。一旦机械出现设备陈腐或严重损害的状况,依废弃标准加以处理。

(4)教导员工进行物料作业。不准超高、超重装运钢材原料,不准超高堆放物料,防止倾斜倒塌伤人。

(5)教导员工异常情况的判断和处理。发现隐患(特别对因泄漏而易引起火灾的危险部位)应立即处理及上报。及时清理杂物、油污及物料。

3. 作业培训要点

（1）具体充分的问题意识，经常检讨目前的作业方法，积极掌握其危险与有害要因。

（2）改善作业方法时，应多征求实地操作者的意见，在其协助下进行改善。

（3）积极学习改善作业的具体方法。

① 分解作业。
② 依各微细动作自省。
③ 展开新方法，宜着眼于消除重组、组合、简化等各项。
④ 实施新方法。

（4）指导作业者，直至能完全实施改善后的作业法为止，改善时，应多留意下列的作业。

① 具有危险性或有害性的作业。
② 灾害较频繁的作业。
③ 安全卫生特别需留意的作业。
④ 超乎作业员能力的作业。
⑤ 姿势勉强的作业。
⑥ 需长时间保持警觉的作业。

（5）做好过程检讨

① 产品规格有无不周全。
② 图面公差有无不周全。
③ 计测仪器有无调整好。
④ 化学分析是否正确。

（6）了解产生操作波动的主要原因

① 责任心不强，没有做到勤观察勤调节。
② 执行工艺和操作规程不严格，操作失误多。
③ 技术素质低，既不会分析又不会处理。
④ 设备维护保养差，设备带障碍运转。
⑤ 上下工序协调配合差，生产不稳定。

二、如何开展现场 OJT

OJT（On the Job Training）即在岗培训或在职培训，是指企业有计划地实施有助于员工学习与工作相关能力的活动。

OJT 能建立班组长与员工之间的沟通桥梁，增强班组长与员工之间的联系，扩

第八章　加强员工培训，提高工作绩效　　107

大班组长的在整个班组影响范围；在日常工作中即可进行，可不耽误工作时间、节约培训费用；更加有针对性，通过学习，提高员工工作技能；有利于对工作成果做出适当的评估。

1. 开展现场 OJT 的工作要点

开展现场 OJT 的要点如下。

（1）帮助员工制定明确的绩效目标。首先得让员工知道自己该做什么，该做到什么样的程度，把工作做好的标准是什么？班组长要帮助员工制定明确的绩效目标，帮助员工提高订立目标的能力，让员工学会用目标指导自己的工作。

在指导员工订立目标计划时，要注意以下事项。

① 符合企业的发展战略。
② 符合管理者的意图。
③ 符合员工的职位要求。
④ 有严格的考核标准。
⑤ 有明确的截止期限。
⑥ 符合员工发展的要求。

（2）帮助员工有效执行目标。没有有效的执行，任何理想的设想和规划都只能文件里的一些漂亮词汇的组合，没有任何实际意义。另外，由于工作当中流程的问题、人际关系的问题、员工的能力问题、一些突发事件、其他未可预料的问题的客观存在，都可能会导致员工在执行目标的过程中出工不出力，费力不讨好，导致员工执行目标的变形。

为防止这些问题的发生，保证绩效目标得到有效执行，班组长必须在日常的工作当中不断地导入 OJT 的观念，在执行目标的过程持续与员工保持绩效沟通，不断强化对员工的在职培训，不断对员工进行业绩方面的辅导，使员工在执行目标的过程中不断提高执行力。

（3）领导员工创新工作。创新是对原有的工作改善和提高，是对未来的深入思考和前瞻性的预测。只有不断创新，员工才能不断地被激励，潜能才能不断地挖掘出来，培训才更有好的效果。

创新工作就是鼓励员工在工作当中不断对工作做出前瞻性的思考，不断提出创新的建议，改善工作流程，提高工作效率，让员工在工作当中不断被创新所激励，不断激发出员工创新的动机和潜能，使员工的潜能得到最大程度的开发和利用。

（4）帮助员工总结工作。班组长只有帮助员工总结工作，总结才能提高，总结才能更加清楚自己的实力，才能明确改进的方向和方法，班组长必须帮助员工不断对自己的工作做出实际总结，从总结中获得提高和进步。

班组长应鼓励员工向自己汇报工作进展情况，鼓励员工提出工作中遇到的障碍，提出有关资源、协调、推动的请求，帮助员工更加高效地工作。

在员工所定目标的截止日期来临时，班组长须花时间和员工对过去一段时间的工作，以及对员工工作中的不足之处提出建设性的建议，对员工正面的表现进行充分肯定和鼓励，通过总结，让员工看到自己的工作成果和工作中存在的不足，以便于不断地调整自己的状况，使工作更加符合要求，更加高效。

2. 班组现场 OJT 的实施步骤

班组现场 OJT 的主要目的是为了让员工熟悉本岗位工艺管理，正确判断生产中的异常情况，及时进行应对处理。熟知所属设备的结构和性能，以利正确控制工艺条件，充分挖掘设备潜力，使员工达到熟记工艺流程和工艺指标的程度。

班组现场 OJT 主要由车间主管和班组长等基层管理人员负责实施。

班组现场 OJT 适用于技巧、技术与操作型任务。透过此方法可以协助下属熟练技术，学习新技巧。分五个步骤：

步骤1：说明。向学习者提前说明学习的事项、重要性、操作要点与步骤。

步骤2：示范。由指导者或示范人员亲身操作。包括以下要点。

① 一边作示范、一边解释说明每一项工作步骤。

② 让员工看完整个操作过程后，对整个操作过程有一个整体大致的了解。

③ 观察员工的表情、态度，了解员工对工作的认识程度。

④ 鼓励员工提问题，认真地向其进行解释、说明，直到他完全了解为止。

⑤ 解释说明要按照一定的顺序进行，不能遗漏某些步骤。

⑥ 每次培训内容不宜过多，要适可而止。

步骤3：操作。让学习者自己操作一次，并观察其动作是否正确合理，是否依照规范操作。如果有误，或是偏差，应该立即予以纠正，避免养成不良的习惯。

步骤4：边做边说。由学习者自己一边操作一边说明要点，此步骤的目的是确保学习者的想法与动作的一致性，并能掌握所有的要点。

步骤5：定期检查。正确者予以鼓励，错误要加以纠正。

3. 班组现场 OJT 法的成功要诀

班组现场 OJT 法的成功要诀在于做好事前的准备，动作要加以分解标准化，如能编成口诀更佳，另外是一次一个动作，以便学习与观察。善用此方法，可以让下属快速正确学会许多新的技能，对于快速变迁的大环境，极具意义。

（1）现场 OJT 技能方面的内容

① 工艺原理方面：原料及产品性质。

② 设备结构及性能方面：结构及主要尺寸构造原理；设计指标；维护保养要求。

③ 工艺流程及指标方面：详细流程；工序控制点；厂控和一般工艺指标；主要指标的控制原理和上下限。

④ 操作和事故处理方面：正常操作；事故处理；异常情况的分析判断和处理。

（2）现场 OJT 的成功与失败要件（表 8-1）

表 8-1　现场 OJT 的成功与失败要件表

要件	项目	件数	%
OJT 成功要件	沟通良好		
	督促使之自立、自主		
	掌握下属的性格与能力		
	考虑到下属的立场		
	上级提供样本供参考		
	褒奖与责备的方法佳		
	有做检查与跟进		
	目标明确		
	清楚明了的指导		
	具备上级应有的资质		
	其他		
	合计		
OJT 失败要件	沟通不良		
	交付工作的方法有问题		
	未做工作的检查与跟进		
	未让下属充分的了解		
	未掌握下属的个性与能力		
	上级本身有问题		
	未清楚地做工作指示		
	片断地、自以为是地指导		
	放任下属不管		
	不让下属自立、自主		
	褒奖与责备的方法不佳		
	未站在下属的立场着想		
	工作指示时单向性		
	其他		
	合计		

三、如何培养多能工

所谓多能工就是指能承担多个工程或多种设备的操作的作业者。反之，只能承担单一工程或单干设备作业的员工则为单能工。

1. 多能工的作用

从技术层面上讲，班组长正是这种技术上的多能手，多能工的意义在于企业在技术组合上的时间和空间都扩大了，而且可选择的方案也丰富了。

多能工训练是现场管理中必不可少的重要课题。因为实际的工作中人员的离去、缺勤难免，但是一个员工请假或缺勤，顶替这个工位的员因为不熟悉作业，或是作业速度达不到设定的要求，所以影响的几乎是整个生产线的效率。据有关调查显示，有顶替员工作业生产时比无顶替作业生产时的品质问题多发25%以上。

多能工的培养不仅能够缓和上述的不良问题，且对于某些技能工位、检查工位，实际意义更大。这就需要班组长充分发挥多能优势，推进班组产能的最大化。

2. 多能工化的推进

对于多能工化的推进，一般按以下顺序进行。

① 多能工化推进对象的编组。
② 对各工程作业者现状水平的评估。
③ 使用如《多能工龙虎榜》的工具，设定各作业者的明确目标。
④ 充分利用加班时间，做成多能工化日程表。
⑤ 在展会、晚会的场合，表彰定期的多能工化明星，公布其进度状况，提高大家的意识。

在多能工化的推进过程中，管理人员对最终结果起着决定性作用。

作业人员学习新工程的作业时，从投放物料到成品出来的整个过程，班组长、师傅都要时刻对其密切关注。作业人员的作业结果受负责人的影响很大。

3. 多能工流水训练

在流水线训练时，作业人员紧张，因为害怕做不过来影响下工序，所以无法很自然、放松地学习，这种方法称为"多能工流水训练"。

这种场合下，按以下的程序进行。

① 管理人员亲自示范。每个作业人员都是模仿的天才，要让作业人员明白怎样进行作业，管理人员最好一边讲一边亲自示范。

② 说明作业重点。对该工程作业的顺序、要点进行说明，直到作业人员完全掌握。最低限度要让其明白节拍时间、作业顺序、标准用量、品质检查要求等。

③ 作业人员动手操作。没有实际的体验，就难以掌握真正的窍门。这时，可以让作业人员亲自作业，跟不上节拍时间时，班组长在旁边辅助指导，直到其掌握为止。

但是，时间充裕的个人作业与流水作业毕竟有很大的不同。

作业人员熟悉单个作业后，要继续练习连贯作业，直到完全跟得上节拍时间为止，这是"流水训练的终极目标"。

④ 现场召开总结会。流水训练结束后，必须在现场召开总结会，再次确认作业重点、老员工传授的要诀掌握情况。

这时，班组长也必须清楚新手和老手毕竟有一定的区别。让作业人员掌握技能的同时，千万不要打击他们的自信心，否则就适得其反了。

班组长每日把握各作业人员的多能工化程度，并通过"龙虎榜"等形式张贴、揭示出来，掀起员工之间"学、赶、超"的热潮，从而达到活用人才、储备人才、激发员工作业热情的目的。

四、如何进行岗位轮换

岗位轮换制，是让员工轮换担任若干种基层岗位不同工作的做法，从而达到考察员工的适应性和开发员工多种能力的双重目的。班组职务轮换主要方法如下。

1. 新员工巡回实习

新员工在就职训练结束后，根据最初的适应性考察将被分别分配到不同部门去工作。在部门内，为了使他们尽早了解和认识到工作全貌，同时也为了进一步进行适应性考察，不立即确定他们的工作岗位，而是让他们在各个岗位上轮流工作一定时期，亲身体验各个不同岗位的不同工作情况，为以后工作中的协作配合打下良好的基础。经过这样的岗位轮换（每一岗位结束时都有考评评语），企业对于新员工的适应性有了更清楚的了解之后，最终才确定他们的正式工作岗位。这一过程一般需一年左右的时间。

2. 培养"多面手"员工的轮换

为适应日趋复杂的生产作业，建立"灵活反应"式的弹性组织结构，要求员工具有较宽泛的适应能力。当生产内容发生转变时，能够迅速实现转移。员工不能只满足于掌握单项专长，必须是多面手、"全能工"。在日常情况下，班组长有意识地安排员工轮换做不同的工作，可以使员工学习到多种技能。

3. 消除僵化，活跃思想的轮换

长期固定从事某一工作的人，不论他原来多么富有创造性，都将逐渐失去对工作内容的敏感而流于照章办事。这种现象称为疲顿倾向。疲顿倾向是提高效率和发挥创新精神的大敌，企业通过定期进行职务轮换，使员工保持对工作的敏感性和创造性。职务轮换是应对疲顿倾向的有效措施。这种制度的目的，在于给部门不断补充新鲜血液，使产品不至落后于时代潮流。

4. 其他轮换

当企业需调整某些部门的年龄构成，或员工出现已经不能适应工作的情况，或需加强，或合并某些业务部门等，都要相应进行职务轮换。

第九章
客观公正考评，做到奖惩有度

> 考评既是一种监督手段，也是一种激励手段。它本身是对计划、任务执行情况的检查监督，同时一般也会与各种利益挂钩，因此具有激励作用。但必须注意的是：绩效评价的主要目的是改进表现，而不能用来规范员工的各种行为。奖惩的主要目标是对他进行工作改进，从而提高工作绩效。

第一节 什么是班组绩效管理

一、班组绩效管理的内容

绩效是指对应职位的工作职责所达到的阶段性结果及其过程中可评价的行为表现。所谓绩效管理是指管理者与员工之间就目标与如何实现目标达成共识的基础上，通过激励和帮助员工取得优异绩效从而实现组织目标的管理方法。绩效管理的目的在于通过激发员工的工作热情和提高员工的能力和素质，以达到改善企业绩效的效果。

绩效管理首先要解决几个问题：①就目标及如何达到目标需要达成共识。②绩效管理不是简单的任务管理，它特别强调沟通、辅导和员工能力的提高。③绩效管理不仅强调结果导向，而且重视达成目标的过程。

绩效管理的具体包括以下内容。

1. 绩效管理中的计划

（1）制订绩效目标计划及衡量标准。绩效目标分为两种。

① 结果目标：指做什么，要达到什么结果，结果目标来源于企业的目标、部门的目标、市场需求目标，以及员工个人目标等。

② 行为目标：指怎样做。

确定一个明智的目标就是既要确定要实现什么结果又要确定怎样去做，才能更好地实现要达成的目标。

明智的目标（SMART）原则如下。

S：具体的（specific）——反映阶段的比较详细的目标。

M：可衡量的（measurable）——量化的。
A：可达到的（attainable）——可以实现的。
R：相关的（relevant）——与企业、部门目标的一致性。
T：以时间为基础的（time-based）——阶段时间内。

（2）对目标计划的讨论。在确定 SMART 目标计划后，组织员工进行讨论，推动员工对目标达到一致认同，并阐明每个员工应达到什么目标与如何达到目标，共同树立具有挑战性又可实现的目标，管理者与员工之间的良好沟通是达成共识、明确各自目标的前提，同时也是有效辅导的基础。

（3）确定目标计划的结果。通过目标计划会议达到管理者与员工双方沟通明确并接受目标计划，在管理者与员工之间建立有效的工作关系，员工意见得到采纳和支持，从而确定监控的时间点和方式。

2. 绩效管理中的辅导

在确定了阶段性的 SMART 目标和通过会议明确了各自的目标后，作为管理者的工作重点就是在各自目标实现过程中对员工进行辅导。辅导的方式有两种。

① 会议式：指通过正式的会议实施辅导。
② 非正式：指通过各种非正式渠道和方法实施对员工的辅导。

对员工实现各自目标和业绩的辅导应为管理者的日常工作，在辅导过程中既要对员工的成绩认可；又要对员工实现的目标进行帮助和支持。帮助引导其达到所需实现的目标和提供支援，同时根据现实情况双方及时修正目标，朝着实现的目标发展。这也是对怎样实现目标（行为目标）过程进行了解和监控。需要强调指出的是：良好的沟通是有效辅导的基础。对于员工的参与，要求员工能够做到以下两点。

① 描述自己所要达到的目标（或实现的业绩）。
② 对自己实现的目标进行评估。

有效的辅导应该如下。

① 随着目标的实现过程，辅导沟通是连续的。
② 不局限于在一些正式的会议上，强调非正式沟通的重要性。
③ 明确并加强对实现目标的期望值。
④ 激励员工，对员工施加推动力（推动力是指一种连续的需求或通常没有意识到的关注）。
⑤ 从员工那里获得反馈并直接参与。
⑥ 针对结果目标和行为目标。

3. 绩效管理中的评价

在阶段性工作结束时，对阶段性业绩进行评价，以便能公正、客观地反映阶段性的工作业绩，目的在于对以目标计划为标准的业绩实现的程度进行总结，进行业绩的评定，不断总结经验来促进下一阶段业绩的改进。

通过实际实现的业绩与目标业绩的比较，明确描述并总结业绩的发展趋势。在对阶段性业绩评价之前，要进行信息收集，尤其是对实现目标过程的信息收集，在通过了解综合员工与管理者双方所掌握的资料后，通过会议的形式进行阶段性业绩的评价，包括对实际业绩与预期业绩的比较、管理者的反馈、支持与激励、业绩改进建议、本阶段总结、确定下阶段的计划等。

在评价过程中管理者需要具备较好的交流技能，如提问、倾听、反馈和激励等。

一般绩效评价的内容和程序包括以下几个方面。

① 量度：量度原则与方法。
② 评价：评价的标准和评价资料的来源。
③ 反馈：反馈的形式和方法。
④ 信息：过去的表现与业绩目标的差距，需要进行业绩改进的地方。

一般评价的标准是选择主要的绩效指标 KPI（定量和定性的指标）来评价业绩实现过程中的结果目标和行为目标。

4. 以考核为基础的个人回报

个人绩效回报形式包括工资、奖金、股权、福利、机会、职权等。确定合理的、以实现和激励为导向的业绩报酬方式，企业目前以通过与绩效管理相结合的方式构建职位职能工资制度来实现。通过员工职位的 KPI（员工的业绩衡量指标）的设定，评定职位的输出业绩，对关键的业绩进行考核，综合工作能力、工作态度等方面，并将它们与报酬相结合。

二、班组绩效管理的流程

目前许多企业实行绩效考核，人们过多地将注意力集中在对绩效的考核或评估上，想方设法地希望设计出公正、合理的评估方式，并希望依据评估结果做出一些决策。其实，这是众多企业对绩效管理认识的片面性造成的。绩效评估是否能够得到预期的期望取决于许多前提条件。企业只看到了绩效考核或评估，而忽视针对绩效管理全过程的把握，会导致人力资源管理中出现严重的不良后果，最终使考核流于形式。

绩效考核不是一项孤立的工作，它是完整的绩效管理过程的一个环节。完整的绩效管理是一个循环流程，包括绩效目标制订、绩效辅导、绩效考核和绩效激励等内容。

1. 目标分解和制订

这是绩效管理过程中最初始的一个环节，指标设计是否合理，决定了企业上下能否纵向一致地达成战略目标。

根据调查，战略目标制订之后，只有10%的企业能够按计划实施，而90%的企业最终则是不了了之。对个人来说，传统的绩效目标设定是根据岗位职责制订的，有可能每个人的岗位职责都完成得很好，但是和企业目标没有什么关系，整体战略没有完成。这就造成了脱节，正确的做法不是从下到上累加，而应当是个人绩效目标从企业战略纵向分解下来。从战略分解的高度来看，人力资源部门显然力量不足，一定要有企业高层的介入，才能够实现跨部门的推动。

企业提出的下一年目标，如要提高客户满意度、要提高管理能力等，给员工的感觉多数比较抽象，没有为他们的工作提供明确界定，导致了实施上的困难。联想集团在这方面的做法值得借鉴。联想每年都举行企业战略制订会议和分解会议，这个会议不是一般的纸上谈兵了事，而是从高层到事业部，从事业部到具体的运营部门，从部门主管到员工的沟通和教育会议。会议的结果，就是企业的战略目标深入到每位员工，使他们明白要做什么，做到什么程度。

通过逐层分解，每位员工就会得到量身定做的几项关键绩效指标，也就是KPI。不同的KPI驱动着不同的行为方式，权重的设定也决定着员工的工作是否能和企业战略方向保持一致。分解指标时，还要综合考虑业务指标和行为指标、结果性指标和过程性指标的平衡。简言之，就是防止员工为了完成财务上的任务而不择手段，比如有人可能为了提高今年的业绩，影响了明年的工作或者损害了其他同事的利益等。通过行为指标让员工的工作过程符合企业文化和价值观的约束。

在设计指标时，要和部门经理、高绩效员工做行为事件访谈，探究该岗位的成功除了业务指标外还需要任职者表现什么样的行为，以及为客户提供的增值点何在，据此制订出一系列"行为标签"。这样可以让员工了解企业对自己的行为期望，将其通过合适的方式，一定程度地联结到绩效考核体系，这会改变员工的行为和做事的方式，如从被动向主动的转换，从管、控制向服务的转换等。

KPI指标既有定量的也有定性的，即所谓硬指标、软指标。如行为指标、过程性指标就很难量化，而像客户满意度、品牌影响等指标有时不易获取准确的数据。企业也不需要盲目地追求量化，有一定主观因素在绩效管理中是难以避免的，为量化而量化，这个指标体系就会复杂而可笑。另外，针对员工制订的绩效指标不宜过多，一般4~7项，最多不要超过10项，否则不但重点不突出，管理者也不易于跟踪辅导。

2. 绩效辅导和跟踪

所有的经理人都必须为自己的下属辅导，帮助他们提高绩效。而这一环，正是目前企业管理者最为欠缺的部分。动态的绩效管理，需要整个流程的跟踪，而很多经理人难以坚持，工作一忙就扔到一边，更不要谈开辅导会议来和员工沟通了。

企业的绩效管理在这个环节中容易走入多个误区。

首先是持续性沟通不足，在员工中很难推行。企业往往建立了一套复杂精确的系统，但员工并不了解其用意，为什么要用这几个指标来衡量自己。具体员工的目标制订，一定需要直接主管的沟通和辅导；而不定期地对目标进行回顾、反馈和调整更是需要双方共同来完成。动态绩效管理注重的是，管理者和员工不是"考"和"被考"的关系，而是一起设计未来，让员工参与进来，承诺把自己的工作做好。当员工认识到绩效管理是一种帮助而不是责备的过程时，他们才会合作和坦诚相处。

其次是中高层管理者的参与感和管理水平不够，认为这仅仅是人力资源部门或咨询顾问做的事。事实上，咨询顾问只能够在体系建立和关键指标设计方面提供帮助；人力资源部既不可能了解整个企业几百、几千人的绩效目标，一般也无权监督各部门的实行情况。很多经理人认为建立起一套系统就可以了，还是把绩效管理看成简单的考核。如果企业的高层领导不能以身作则做好部门经理的绩效管理，对基层的工作自然也不会重视，结果变成绩效考核只针对基层员工，而不涉及经理层，这往往是造成绩效管理失败的硬伤。

再次是不重视管理信息数据的收集，特别是过程和战略指标的数据无法顺利获得。数据缺乏，管理就无法进行，形成了一个恶性循环。规模较大的企业最好要建立记录和搜集数据的 IT 系统，否则手工操作的跟踪工作量很大。但是系统只是一个平台，管理人员利用平台进行管理的意识和能力才是最重要的。

3. 绩效比较和考核

绩效管理，原则上是由上对下进行。所以在考核环节，基本上是经理人对下属做考核，下属给予反馈，结合双向沟通。在这一点上，由下属为主管评分的做法一般不采用。

传统的考核，定同一个标杆来衡量每个人，按得分高低相互比较分出优劣；而绩效管理则是为每个人量身定做，所有人都是和自己的目标比较，看完成情况如何。有些企业在观念上没有转变，既制订了绩效管理目标，又要做横向比较，强制分布甚至末位淘汰，这在与员工的沟通中就很难自圆其说。比如某员工完成了自己的销售指标，但是别人超额完成了更多，并不意味着他就要在排名中靠后。如果一定要搞末位淘汰制，员工可能为了保住自己，而想方设法让一个同事最落后，而不是自己努力提高。这显然不能达到企业促进绩效的目的。

4. 绩效激励和发展

获得考核结果后，还要及时与激励制度和能力发展计划挂钩才能发挥作用。绩效管理是其他人力资源工作的基础。绩效加薪、浮动薪酬都以此为依据，增加了企业决策的透明度；培训部门能够获得比较准确的信息，分析出员工绩效不理想的原因所在，总结优先的培训需求；在后备干部队伍选拔方面，也可以从绩效记录中获得很强的支持，因为过去几年的绩效表现通常预示着未来的潜力发展方向。员工在帮助企业达成战略目标的同时，个人当然也应获益，这样他们就更有驱动力来完成企业的目标，这样才能使整个体系运行圆满。

而在很多企业中，现实情况却并非如此，即使部门经理评定员工的绩效很突出，但是他却没有权利和自由度给员工提供奖金或培训机会，这样，绩效管理就无法达到预期效果。

三、班组绩效管理的要点

1. 建立合理的利益分配机制

需要建立合理的利益分配机制，同时注意保护和发扬营销人员的工作积极性。在任何一家企业，薪酬制度、绩效考评制度以及晋升制度是人力资源管理的三大镇山之宝，它们与每位员工的收益息息相关，一套科学系统的培训计划也是企业提供的福利之一。如果能让员工感到，在这个企业工作，能获得终身就业能力，能得到全面的能力展示和提升，能得到与付出相对应的合理收益，那么，一点眼前的利益还值得他去追求吗？所谓高薪养廉就是这个道理，在现代企业中，"薪=现金收入+各种福利+培讲计划+晋升机会+社会地位"等。企业正是依靠这些制度，合理地输血、换血，才得以留住人，留能人，保持永续的活力与动力。这里尤其要提到营销人员的底薪与提成的分配。底薪与提成的设置不能一成不变，而是应该随着市场开发的进程而有所调整。

2. 奖惩分明，把握尺度

奖罚分明，把握尺度，严肃处理营销人员前违规事件。建立《奖惩制度》是企业的管理手段之一，它制订的目的在于，奖励积极努力、业绩突出的 A 类，培训指导迷茫、摇摆的 B 类，坚决处理屡教不改的 C 类。当一切防治手段都使用后，仍然出现销售人员的谋私违规事件，这时，企业管理人员就该以事实为依据，以《奖惩制度》为准绳，把握尺度，严肃处理所发生的事件。

3. 建立激励机制时应避免的问题

在建立合理的激励机制时应避免出现以下两种情况：一是考核 A，奖励 B。即对 A 进行严格考核，但把奖励给了实际没被真正考核到的 B，这就是没能区别投机取巧的人所导致的。通常投机取巧的人善于做表面工作，而踏实做事的人反而不擅长这些，结果一考核，踏实的人反而不合格，而投机取巧的人却合格了，奖励就这样被窃取。二是只奖励成功者，不奖励失败者。这样的激励机制将会导致"只重视结果，不重视精神和思想"，对企业文化是一种挫伤，容易让成功者骄傲，而让失败者更加气馁。

4. 采用多样化的激励方式

经济和物质上的激励并非全部的激励方式，有多种激励途径可供选择。激励是提高执行力最有效的方法之一，以下几类激励是常用的激励方式。

① 听觉激励。中国人喜欢把爱埋在心里，如果你想赞美下属，就一定要说出来。

② 视觉激励。把优秀员工的照片和事迹在企业内部杂志和光荣榜上贴出来，让大家都看到，以此激励这些获奖者及其他的员工。精神价值其实就是无形资产，有什么理由对创造了无形资产的人不进行奖励呢？

③ 引入竞争。讲团队精神不是不讲究竞争，但竞争又不同于斗争，这样既达到了激励双方的目的，又不伤和气。用爱惜的心态批评下属，指出其错误并帮助他改正，这更是一种令人刻骨铭心的激励。

④ 合理授权。这是最高的激励方式之一，能帮助下属自我实现。但在授权时应把授权内容以书面形式表达清楚，授权后要进行周期性的检查，防止越权。

5. 严格标准，坚决执行

建立起绩效管理体系以后，严格执行绩效考核并在绩效考核过程中掌握一些基本原则，设计出符合企业实际情况的绩效考核指标，并掌握绩效考核的全过程。一般按照以下几条绩效考核原则组织开展考核工作。

营销绩效考核体系应该围绕企业的整体营销计划建立，绩效考核一定不能脱离营销关键业务。绩效考核围绕战略规划的重点，就是要设计一套关键绩效指标（KPI）。

营销绩效考核体系营造一种机会公平的环境，使大家能在同样的平台上展开公平竞争，并且获得公平的回报。实践中这种机会上的平等，就是必须充分考虑各类营销人员工作性质的差异，确保大家都能从企业的成长中获得价值。

在营销绩效考核体系中体现个人与团队的平衡，执行力并不是简单地由个人来达成,而是由组织来达成的,因此,执行力的强化就必须在个人和组织之间形成一种平衡关系,既不至于因强调个人英雄主义而削弱了组织的力量,又不至于因强调团队而淹没了个人的特性和价值体现。在实际考核中,部门绩效的提高可使本部门员工受益,个人有突出贡献者能够得到区别于普通员工的奖励,这样就能够鼓励更多的员工为企业整体绩效的提高各尽所能。

总之,绩效管理需要从建立绩效管理体系、设计科学的绩效管理流程、完善绩效管理制度、合理建立绩效指标、严格执行绩效考核、结合多种形式(物质与非物质)激励员工、定期修正绩效考核制度等多方面提高营销执行力,以提升企业绩效,实现企业发展的战略目标。

第二节 如何对员工进行考评

一、班组员工考评的主体

1. 班组长考评

班组员工的直接上级——班组长在绩效评价中具有至关重要的位置,班组长是班组员工评价最常用的评价主体。

组织中对中低层员工的绩效评价,95%是由他们的直接上级完成的。员工的直接上级由于所处的位置关系,对员工的了解最深,同时也对组织对员工的期望和评价标准也最为了解。但是,单独采用这种方式,会导致班组员工的不公平感和增加敌对情绪。具体的班组长员工评价优点、缺点及其应用环境如下。

(1)优点

① 班组长比较清楚员工在各个场合之下的行为模式和表现方式。

② 班组长比较清楚员工对工作所付出的努力和勤奋程度。

③ 班组长负有责任因此比较认真。

(2)缺点

① 班组长有绝对的权力容易造成专断并产生个人偏见。

② 班组长不能清楚了解员工工作之外的品行。

③ 班组长需要花费很多的时间和精力记录员工的表现。

(3)应用环境

① 有清楚的量化评价标准。

② 员工工作比较简单,工作场地大多在上级的监控下。

③ 上级有很多时间与员工直接接触。

2. 员工自我评价

员工自我评价是由员工自己来评价自己的工作绩效，与自我管理和授权观念是基本一致的。

（1）优点

① 能够充分调动员工的积极性，促使员工反省自己的行为。

② 有利于消除员工对评价过程的抵触倾向，能有效地刺激员工和他们的上级就工作绩效展开讨论，能够给员工一个发表个人意见的机会。

③ 有利于员工优点和特长的发挥和自我发展。

（2）缺点。无责任，易出现虚假结论存在高估倾向。

（3）应用环境。适用于一定阶段的总结性评价。

二、班组员工考评方法

员工评价中会经常遇到这样的问题：缺乏标准，不恰当的或主观的标准，不现实的标准；对工作行为的检测不当；评估者的错误；对员工的反馈不够；否定性的沟通，评估资料的运用不恰当。

对于生产现场班组长而言，进行生产人员绩效评估最重要的一部分就是选择合适的绩效评估方法。为了评价表现，必须对之作出度量。班组长通常是拿结果同标准或目标比较来进行。往往也可以得到一些具体的统计数据，比如有形产出的工作。即使这样，那还有个解释问题。在一些情况中，工作成绩只可以从数量上间接地度量。以下将提供一些有助于班组长有效衡量和评价表现的方法。

1. 书面报告法

最简单的绩效评价方法就是写一篇短文来描述员工的工作情况、优点、缺点、整体绩效状况、潜能以及改善建议。这种书面报告可以以评语的形式由评价者来书写，也可以由被评价者自己撰写，将其作为自己的述职报告。书面报告不需要复杂的形式，不需要多少训练就可以做出来。

2. 量表法

量表法是最古老、最简单和应用最普遍的绩效评价技术之一。量表法要求评价者对被评价者的工作绩效做出主观的评价，并将他们在不同的绩效指标下的绩效水平放入适合的等级中去。不同的绩效水平被赋予不同的平均得分。经由被评价者的各绩效指标得分的总和得出其综合的绩效水平。通常这种评价使用绩效量表来完成的，而评价者往往是被评价者的直接主管。

量表法通常要做维度分解，并沿各维度划分等级，设置量表（尺度）。该方法可实现量化评估，而且操作也很方便快捷。

（1）量表的形式。量表的形式可有多种，图9-1列出几种以考评班组生产人员工作质量为例的典型的形式。

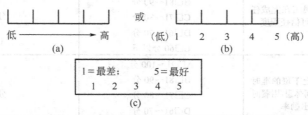

图 9-1 量表的形式

（2）量表实例。仿照工作质量的量表制订形式。可以确立生产率、工作知识、可信度、勤勉，性、独立性等维度的量表。

表9-1描述的是以质量、生产率、工作知识、可信度、勤勉性与独立性为维度的量表法实例。

表 9-1 量表法实例

工作绩效评价要素	评 价 尺 度	评价事实依据或评语
1. 质量：所完成工作的精确度、彻底性和可接受性	A□91～100 分 B□81～90 分 C□71～80 分 D□61～70 分 E□60 分以下	分数：
2. 生产率：在某一特定的时间段中所生产的产品数量和效率	A□91～100 分 B□81～90 分 C□71～80 分 D□61～70 分 E□60 分以下	分数：
3. 工作知识：实践经验和技术能力以及在工作中所运用的信息	A□91～100 分 B□81～90 分 C□71～80 分 D□61～70 分 E□60 分以下	分数：

第九章 客观公正考评，做到奖惩有度　　123

续表

工作绩效评价要素	评 价 尺 度	评价事实依据或评语
4．可信度：某一员工在完成任务和听从指挥方面的可信任程度	A□91～100 分 B□81～90 分 C□71～80 分 D□61～70 分 E□60 分以下	分数：
5．勤勉性：员工上下班的准时程度、遵守规定的工间休息/用餐时间的情况以及总体的出勤率	A□91～100 分 B□81～90 分 C□71～80 分 D□61～70 分 E□60 分以下	分数：
6．独立性：完成工作时需要监督的程度	A□91～100 分 B□81～90 分 C□71～80 分 D□61～70 分 E□60 分以下	分数：

评价等级说明：

A．在所有方面的绩效都十分突出，并且明显地比其他人的绩效优异得多。

B．工作绩效的大多数方面明显超出职位的要求。工作绩效是高质量的并且在考核期间一贯如此。

C．是一种称职的可信赖的工作绩效水平，达到了工作绩效标准的要求。

D．需要改进。在绩效的某一方面存在缺陷，需要进行改进。

E．不令人满意。工作绩效水平总的来说无法让人接受，必须立即加以改进。绩效评价等级在这一水平上的员工不能增加工资。

3．关键事件法

关键事件法所描述的是对员工工作很重要的情况，是就生产管理过程中一些关键事件进行评估，以确保绩效的方法。例如，当原料进入工作区，员工精确地检查货单，检验原料，小心地按先后顺序把它们放到传送带上，然后，让班组长描述一下员工干这种工作的频率状况。

关键事件法评价较为客观，有利于消除近期效应，有利于员工的不良行为的迅速改善。但评价者长期保持关键事件有效记录会使其产生厌倦情绪，且其评价结果无可比性。

在运用关键事件法评估时，将每一位生产人员在工作活动中所表现出来的非同寻常的好行为或非同寻常的不良行为（或事故）记录下来；然后在每 6 个月左右，与生产人员见一次面，根据所记录的特殊事件来讨论不良行为者的工作绩效。

运用关键事件法来进行工作绩效评价时，可以将其与每年年初摆在生产人员面前的本年度工作期望结合使用。

4. 加权调查表

加权调查表同关键事件法类似，只是在重要性描述上有差别。班组长考察用于描述受评估员工的各方面。比如对比较优秀员工作典型调查得出他们的特征如下。

① 工作到很晚；
② 超额工作量；
③ 经常提出建议；
④ 不无谓地批评企业；
⑤ 同其他人合作；
⑥ 严格按要求办事；
⑦ 及时完成工作；
⑧ 具有活泼个性。

5. 行为锚定等级评价法

许多企业使用这种方法。行为锚定是指依靠实际工作行为作评价。班组长的任务是选择得体的描述。

一旦工作行为得到描述，班组长就可以决定每项描述的业绩点，非常像加权调查表，而且这里不存在任何"成功者"。所有的权数都列在表上。表 9-2 是一种仓储员填单效率的行为锚定等级评价法。

表 9-2 仓储员填单效率的行为锚定等级评价法

评 价	分 数	工 作 描 述	检查
最优秀	10	知道商品位置、存货量并能迅速取出	
优秀	8	清楚商品位置、存货量并合理时间内取出	
良	6	查出物品所在位置，无延误地取出	
中	5	非标准物品，顾客一般要等 15～20 分钟	
中下	4	有时找不到，要其他职员帮助	
差	3	通常在岗，但只有在其他职员帮助下才能找到物品	
不能接受	1	常不在岗，需要时还碍手碍脚	

6. 业绩评定表法

这是一种被生产管理人员广泛采用的考评方法，它根据所限定的因素来对员工进行绩效评估。这种方法一般可以使用多种绩效评估标准。

表 9-3 既选用了工作量、工作质量、可靠性等绩效标准，又包含了与一个员工未来成长和发展潜力有关的 4 个指标。

表 9-3 业绩评定表法

员工姓名：　　　　　　　评价人员：　　　　　　　评价期间：
工作岗位：　　　　　　　　　　　　　　　　　　　部门：

评估结果	较差、不符合要求	低于一般有时不符合要求	一般、一直符合要求	良好、经常超出要求	优秀、不断地超出要求
①工作量：完成的工作量、生产率达到可接受的水平					
②工作质量：在进行任务指派时是否准确、精密、整洁，完成情况是否良好					
③可靠性：员工实现工作承诺的信任程度					
④积极性：是否自信、机智并愿意承担责任					
⑤适应能力：是否具备对需求变化和条件变化的反应能力					
⑥合作精神：为他人及与他人工作的能力					
⑦未来成长和发展的潜力					
⑧员工声明	□同意		□不同意		
⑨评估					
员工签名			日期		
评价人员签名			日期		
审查经理签名			日期		

评估说明：

① 每次仅考虑一个因素，不允许因某个因素所给出的评价而影响对其他因素的决策。

② 考虑整个评价时期的绩效，避免集中在近期的事件或孤立事件中。

③ 以满意的态度记住一般员工应履行的职责。高于一般水平或优秀的评价，表明该员工与一般员工有明显的区别。

三、如何实施公正的员工评价

1. 正确实施评价的原则

要实施正确的评价时，必须遵循以下原则。

① 对被评价的班组员工认真加以观察。

② 理解评价表，并搜集班组员工行为（事实）资料，以作为评价根据。

③ 不要以某特定的评分要素的判定结果，去影响其他评定要素。评定要素应独立考虑。

④ 把评价过程公开化，当扣分时需要向当事人讲明原因，最后分数也在评价看板上公布。

⑤ 在评价后必须及时与员工进行谈话，说明奖罚的原因，并且要求各作业区按月公布评价分数，进行绩效反馈。

⑥ 切忌以对某班组员工的好恶，或作业场所的"造成事端者"为由，而做不公平的评分。

2. 允许员工越级申诉

诚实地根据事实来评价，是班组长的任务。手下留情的、过分严格的、或大家都平均分数的评价，等于放弃身为管理者的义务。

当然即使采取了过程公开的评价方法，也不能完全避免因上级的个人喜好所引发的个别员工的不公平感。因此，企业在某些情况下应该允许员工越级申诉，由部门组织人员进行调查，如情况属实，则进行调解和改正处理结果；如果不正确，则进行解释；当矛盾较难解决时，则考虑进行人员调整。

3. 如何评价员工的工作态度

工作态度包括工作积极性，热情，责任感，自我开发愿望等比较抽象的因素。评定这些因素，除了主观性评价之外，没有其他办法可想。员工的工作态度只能由直接上级根据平时的观察予以评价。考评项目如图 9-2 所示。

图 9-2　考评项目

表 9-4 是员工素质各要素的定义，表 9-5 是对各要素评价时的评价要点。这两张表都是从企业的真实人事资料中摘录下来的。企业内规定并公布这些评价标准，既可以提高员工对人事考评客观性、公正性的认识，又可以作为员工日常工作主观努力的目标。

表 9-4　员工素质各要素的定义

类　别	评价因素	定　义
成绩评价	质　量	任务完成结果正确、及时，与计划目标一致。接受他人帮助的程度及工作总结报告的适当与否
	数　量	完成任务的工作量、期间（速度）及费用节约情况
	教育、指导	对部下或后辈进行现场教育（OJT）指导效果 对部下或后辈进行思想工作，提高他们自主管理意识的效果
	创新、改善	对本职工作进行的改进效果，积极采用新思想、新方法的表现

续表

类别	评价因素	定义
工作态度评价	纪律性	遵守企业规章制度及生产现场纪律，服从上级的批示、命令 遵从日常社会生活道德标准，注意礼貌
	协调性	对有利于集体的事，不分份内份外。集体观念和组织观念
	积极性	主动参加改善提案、合理化建议等活动，主动承担本职外的任务
	责任感	不论怎样困难也必须确保完成任务的精神。 勇于承担自己和部下工作中的责任
工作态度评价	自我开发热情	努力提高自己的能力，对较高目标的挑战态度。达到自我开发目标的进度
能力评价	知识	胜任本职工作所需的基础知识、业务知识和理论水平
	技能	完成本职工作所需技术、技巧、业务熟练程度、经验
	理解、判断、决断	充分认识职务的意义和价值，根据有关情况和外部条件分析问题，判断原因，选用适当的方法、手段的能力
	应用、规划、开发	充分认识职务的意义和价值，根据有关情况和外部条件分析的基础上，具有预见性，通过调查、研究、推理思考总结归纳具体对策、方法的能力
	表达交涉协调	为顺利完成任务，正确地说明解释自己的看法、意见，说服他人与自己协作配合，同时维持良好的同志关系的能力
	指导监督	按照部下、后辈的能力和适应性适当分配任务，并在工作中予以指导帮助，同时启发其集体观念和劳动热情的能力

表9-5 员工素质要素的评定要点

因素 等级	纪律性	协调性
普通1～3级	是否遵守现场纪律、规划： （1）工作服、工作靴、姓名标牌是否穿戴整齐。 （2）请假是否遵守规定手续。 （3）对同事、上级是否礼貌。 （4）工作中有无迟到、早退。 （5）对规章制度、上级指示等有无阳奉阴违	1. 是否与同事、上级协调配合共同工作。 2. 能否主动帮助他人工作。 3. 是否能按照领导意图工作。 4. 是否积极参加集体活动和企业内各项运动，并在其中尽到自己的能力。 5. 是否努力促进集体的团结
普通4级 指导1级	对规章制度有无分分认识，能否以身作则，对部下或后辈带头作用。 （1）是否严格遵守规章制度。 （2）贯彻作业规程，强化文明生产。 （3）休假是否安排得当，不影响生产。 （4）能否以提高生产率为目的，努力维持和提高集体的纪律性	1. 能否起到沟通上下级意见的作用。 2. 能否爽快接受上级指示，主动协助他人。 3. 是否既充满自主性，又能与他人配合。 4. 能否以提高生产率为目的，促进集体的亲睦团结。 5. 有无利己主义，损害集体的行为
指导2～3级	1. 是否时刻关心企业信誉，不做有损企业信用、声誉的事，并且时常这样教育部下。 2. 积极维护提高集体的纪律和组织纪律，不但自己以身作则，而且严格要求部下	1. 是否起到沟通上下级意见的作用，并积极协助上级进行领导。 2. 作为集体的领导，能否努力促进集体的活跃气氛。 3. 从企业全局出发，以提高生产率为目的，与其他管理干部密切配合

对不同级别上的员工，各个考评因素在评语中所占的比重是不尽相同的，级别越高则工作中的自由度越大，对能力的要求也越高；在较低的级别上，定型事务较多，与高级别相比更需要的是纪律性、积极性等工作态度因素。通过对员工的客观要求和员工素质的评价，就可将不同的员工安排到适合的工作岗位，实现科学合理

用人，从而最大限度地开发人力资源。

四、班组员工评价具体实施办法

1. 员工评价对象与期限

以下对班组员工所作的评价对象特指班长以下技能员工，对新进人员及试用期未满者的绩效评价不在此范围内。

评价者，即评价主体是员工的直接上级（班组长）和次上级（车间主管），各自的评价权重可按不同企业人力部门相应评价细则的规定计算。

评价期限一般分年度及季度评价。年度评价是 1 月 1 日～12 月 31 日；季度评价指每一季度，即：1/4（1 月 1 日～3 月 31）、2/4（4 月 1 日～6 月 30 日）、3/4（7 月 1 日～9 月 30 日）、4/4（10 月 1 日～12 月 31 日）。

2. 员工评价的类别

① 月度评价。依照班组相应的评价细则每月度进行的评价。
② 季度评价。依照人力部门相应的评价细则每季度进行的评价。
③ 年度评价。将四个季度评价得分简单平均，得出个人年度评价得分。然后在班组内进行排序，结合相应类别当年度技能评价等级分布比例确定技能人员的最终评价等级。

3. 班组员工评价的项目与具体方法

班组员工评价项目主要有：能力及任务完成度评价、态度评价、贡献及参与度评价、重大事件加减分。具体方法详细阐述如下。

（1）能力及任务完成度评价（表 9-6）。

表 9-6 能力评价表

项目	定义	着重点	评价尺度	对应分数	评价季度			
					1/4	2/4	3/4	4/4
理解力	正确判断所指示业务内容、意图及事情状况的能力	● 是否在业务指示、执行过程中正确理解业务重点核心并消化？ ● 是否了解部门或上级的方针并反应于工作中？ ● 是否对新的事情或状况能够正确理解	卓越 优秀 良好 普通 较差	10 8 6 4 2				
解决问题能力	为实现某种目的或采取有效方法技巧，改变现状的能力	● 是否能够找出所担任业务的问题或树立有效地解决问题的方案？ ● 是否发现问题制订报告书提交企业解决？ ● 是否为实现目标和解决问题努力寻找并着眼于合理的新方案？ ● 发现问题后是否随时采取有效措施解决问题	卓越 优秀 良好 普通 较差	30 24 18 12 6				

续表

项目	定义	着重点	评价尺度	对应分数	评价季度 1/4	2/4	3/4	4/4
业务执行能力	按期完成所担任任务并明确提示所执行业务结果的能力	● 接受任务,是否利用最恰当的方法有效地予以处理? ● 遇到难关,是否能坚持不懈地完成任务? ● 是否经常检查确认日程计划并按时完成	卓越 优秀 良好 普通 较差	30 24 18 12 6				
业务知识	为圆满执行担当业务所需的专业知识和一般知识	● 是否充分理解、熟知执行担当业务所需的法规、程序、方法等专业知识? ● 是否广泛掌握执行担当的业务所需的有关知识、电算能力以及一般常识,并予以应用	卓越 优秀 良好 普通 较差	15 12 9 6 3				
5S	整理、整顿、清洁、清扫、习惯化	● 是否明确区分必要的和不必要的? ● 是否把资料、工具、产品等物品保管得井然有序,并在必要时自己和其他员工容易查找? ● 是否爱护使用的机器或备品并经常清扫作业场的地面、墙壁、备品等? ● 是否认为清洁是业务的一部分并每天随时维持清洁状态? ● 是否上述整理、整顿、清扫、清洁习惯化	卓越 优秀 良好 普通 较差	15 12 9 6 3				
		(评价者1)直接上级评价小记						
		(评价者2)次上级评价小记						
		(评价者3)评价小记(若有的话)						
		合计:{(评价者1)×权重+(评价者2)×权重+(评价者3)×权重}						

(2)态度评价(表9-7)。

表9-7 态度评价表

项目	着重点	评价尺度	对应分数	评价季度 1/4	2/4	3/4	4/4
纪律性	● 遵守企业各项纪律规定的态度 - 是否遵守理解企业制度、规定及操作规程而努力? - 是否努力理解上级的批示及命令并圆满的贯彻执行? ● 遵守考勤制度的态度 - 是否按照相关规定按时进入操作区? - 是否有早退现象发生? - 是否有中途离岗、坐岗、睡岗现象发生	卓越 优秀 良好 普通 较差	20 16 12 8 4				
责任心	● 无论如何对自己的业务范围负责的态度 - 是否经常自觉履行自己的职责,克服困难诚实的负责执行完成为止? - 是否利用正确的方法在规定时间内完成目标? - 是讲不可能的理由,还是先考虑可行的方案并付诸行动	卓越 优秀 良好 普通 较差	20 16 12 8 4				
积极性	● 拓宽自己业务、能力的态度 - 是否上级没有具体指示之前自觉完成业务? - 是否经常寻找与自己业务相关的业务做	卓越 优秀 良好 普通 较差	20 16 12 8 4				

续表

项目	着重点	评价尺度	对应分数	评价季度 1/4	2/4	3/4	4/4
协助性	● 为部门和整体利益互相协助的意志及态度 - 是否主动帮助他人或他部门的业务？ - 是否在业务过程中与他人或他部门相互协助	卓越 优秀 良好 普通 较差	20 16 12 8 4				
自我开发	● 经常开发自我，寻找新的业务的态度 - 是否不满足于现状在问题意识下为找出问题点，提供合理化建议而进行研究？ - 是否在危机意识下为拓宽自己业务范围学习相关的知识，技术及技能	卓越 优秀 良好 普通 较差	20 16 12 8 4				
（评价者1）直接上级评价小记							
（评价者2）次上级评价小记							
（评价者3）评价小记（若有的话）							
合计：{（评价者1）×权重+（评价者2）×权重+（评价者3）×权重}							

（3）贡献及参与度评价（表9-8）。

表9-8 贡献及参与度评价表

项目	着重点	评价尺度	对应分数	评价季度 1/4	2/4	3/4	4/4
贡献度	● 为企业的利益付出努力并产生效果的程度 - 是否在圆满完成本职工作以外，还积极从事其他相关事情？ - 是否为企业创造最大利益，在各方面尽了最大努力并取得了一定的成果	卓越 优秀 良好 普通 较差	50分 40分 30分 20分 10分				
参与度	● 参与企业各种活动的态度 - 是否经常支持并积极参加企业各种活动（如教育培训、运动会、提案、各种兴趣小组等）？ - 是否为企业各种活动的组织和实施付出努力	卓越 优秀 良好 普通 较差	50分 40分 30分 20分 10分				
（评价者1）直接上级评价小记							
（评价者2）次上级评价小记							
（评价者3）评价小记（若有的话）							
合计：{（评价者1）×权重+（评价者2）×权重+（评价者3）×权重}							

（4）重大事件加减分（表9-9）。

表9-9 重大事件加减分表

项目	内容
● 重大事件加分	有效益确认书，经确认增加企业年效益、减少损失或节省成本，每1万元加1分，最多加20分
● 重大事件减分	对企业造成损失的，经确认的直接责任人和间接责任人，除按相关规定处理外，另每1万元减分，直至扣完为止。减分须附过失责任书面材料

（5）个人评价（表9-10）。

表9-10　个人评价表

评价年度：　　　年

评价季度	1/4	2/4	3/4	4/4	年度得分	名次	最终评价等级
评价得分							
被评价者	所属				工号		
	职级				姓名		（印）
评价者 （直接上级）	所属				工号		
	职级				姓名		（印）
评价者 （次上级）	所属				工号		

注：1. 评价者依据被评价者所属在上表相应表格打"√"；
　　2. 个人评价表的目的是通过明确目标，本人可做好自我管理，上级可作为系统地指导、支援的指南来用；
　　3. 评价结果活用于工资、奖金、晋级、教育等多种补偿和待遇方面，请慎重填写。

五、如何对班组成员进行考勤

出勤管理是班组员工管理的首要方面，事关员工考勤管理和工资结算，影响到现场员工调配和生产进度，涉及员工状态把握和班组能否正常运转。随时把握员工的出勤状态并进行动态调整，才能确保日常生产顺利进行。出勤管理主要包括时间管理和状态管理。

1. 时间管理

时间管理是指管理员工是否按时上下班，是否按要求进行加班等事情，其核心为管理员工是否按时到岗，主要表现为缺勤管理。通常来说，员工缺勤有迟到、早退、请假、旷工、离职等几种情形。

① 对于迟到、早退等情况，应该向当事人了解其原因，同时严格按照企业制度考勤。除特殊情况，一般要对当事人进行必要的个别教育或公开教育，对于多次迟到、早退，且屡教不改者，应该升级处理。

② 员工请假需按照企业制度要求履行程序，提前书面请假且获得批准后才能休假。特殊情况下可以口头请假，班组长需要确认缘由，并进行恰当处理，既要显示制度的严肃性又要体现管理的人性化。

③ 出现员工旷工时，应该及时联系当事人或向熟悉当事人的同事了解情况，确认当事人到底是因为出现意外而不能及时请假还是本人恶意旷工，如果是前者应该首先给予关心，必要时进行指导教育；如果是后者则应视作旷工按制度严格处理。

④ 碰到员工不辞而别的离职情形，应该及时联系当事人或向熟悉当事人的同

事了解情况，尽量了解员工不辞而别的原因。如果是工作原因或个人没想好，该做引导挽留工作的要做引导挽留，就算是员工选择了离职也要给予必要的诚挚感谢、善意的提醒，必要时诚恳地听取其对企业、部门和本人的意见或建议。

员工出勤的时间管理可以根据考勤进行出勤率统计分析，从个人、月份、淡旺季、季节、假期等多个角度和时间段分析其规律。例如，夏季炎热，员工体力消耗大，因身体疲劳或生病原因缺勤的情形就会增多。掌握历年来的规律能为班组定员及设置机动员工提供依据，提前准备、及时调配。

2. 状态管理

状态管理是指对已出勤员工的在岗工作状态进行管理，精神状态、情绪、体力如何，班组长可通过观察员工表现、确认工作质量进行实况把握，必要时可进行了解、交流、关心、提醒、开导，当发现员工状态不佳，难以保证安全和质量时要及时采取相应措施进行处理；如果发现员工有个人困难而心绪不宁甚至影响工作时，要给予真诚的帮助。因此，班组长要学会察言观色，要出自内心地关心员工，以确保员工人到岗、心到岗、状态到位、结果到位，使生产能顺利进行。

第三节　如何对员工进行奖惩

一、员工优秀表现的强化手段

最优秀的班组长同普通相比最大的不同是进行跟踪随访。为做到这一点，强化必不可少。它是任何一个优秀表现制度的重要部分。

1. 正面强化

班组长发现，保持理想的行为要比根除不良行为来得更为容易。比如出勤，鼓励没有缺过勤的人明天继续上班，比教育经常缺勤者改掉缺勤习惯，要少花不少精力。原因何在呢？

出全勤者不必改变已习惯的服从行为。有缺勤习惯的人必须改变他的习惯。对出全勤的人，定期予以表扬并给以一定经济和非经济奖励将会强化他的出勤习惯。然而，对习惯缺勤的人则要采取更激烈的方法。理论上讲，正面强化应该有作用，但实践中需时间较长，花的精力也多，并需要辅之以其他手段。

尽管正面强化同赏识一样有作用，可是有时它无法克服逆反行为。

用金钱作为强化手段也是如此。一些人当给他们的服从行为以金钱报酬时，他们却嗤之以鼻。不仅金钱奖励起不了强化作用，即使能够起作用，班组长也无权利采用。

2. 表扬

如果正面强化及实物奖励对缺勤者都不能起作用,那表扬呢？实践证明表扬有很好的效果。对要表扬的行为一定要出于真心。特定提出表扬,它的效应较短,因此表扬一定要定期进行。这是一个有效表扬与无效表扬的例子：

无效表扬："工作得真棒,小王。"

有效表扬："小王,你对那些工作处理得让我非常满意,它至少为我们节省半天的运输时间。"

3. 反面强化与惩罚

如果正面措施不起作用,并不是无计可施。相反,班组长可以尝试反面的措施。一种方法是惩罚,另一种方法是反面强化。

惩罚："由于缺勤你得停工三天,不发工资,再不改好就开除你。"

反面强化："如果你的出勤情况有所改善,我将不会被迫解雇你。"

哪一种起作用呢？惩罚此时也许有作用,但它的目标是惩罚,不是改变行为,它使用恐吓手段,但必须持久采用,否则被惩罚人的行为会变得更糟。反面强化将更有效,同强化相结合的惩罚就是一种具有说服力的组合。

（1）惩罚和反面强化的组合。如"小张,章程规定这种屡次缺勤要扣三天工资。我正在加强这一制度,但是如果你的出勤情况有所改善,我不会采取进一步的措施。"

（2）惩罚和反面强化的组合。如"小王,章程规定这种屡次缺勤要扣三天工资。我正加强这一方面制度,此后,我希望每天在这里都能见到你,像你第一个月一样"。

4. 消除法

假设一名员工经常犯错误,而且班组长每次都帮他指了出来。可是,连着几天,班组长忙于处理其他事情,没有注意这个员工。后来,当他检查该员工的工作时,发现错误消失了。班组长通过不强化、避免解雇员工的方法,无意中已消除了不理想的行为。这个员工并非没注意这一点,他决定改变他的行为。

尽管如此,消除法一定要谨慎使用,这里有些原则。

① 要小心谨慎。语言上及非语言上一定没有任何强化之意。

② 要有耐心。行为是逐渐消失的。

③ 主要在职员正明显从对强化和惩罚的关注中获益时采用。

④ 可以采取其他纠正措施时,尽可能不要使用它。

⑤ 用正面措施贯彻消除措施。

5. 班组长发挥强化作用的秘诀

为使强化发挥作用,班组长们应注意一些基本知识。它们包含在下列原则中。

① 相信它对员工有意义。
② 时间选择至关重要，班组长一定得选择恰当的时间、地点及数量。
③ 不要连续使用，但它一定是经常性的。
④ 在员工的脑子里，它一定和强化活动联系在一起。
⑤ 它一定是诚心诚意——没有任何秘密的动机和欺骗性。
⑥ 认识到人的能力是有限的，其他一些因素或有助于强化个人的努力，或起阻碍作用。积极利用有利因素，防止不利因素的影响。

二、如何建立并保持良好的纪律

1. 纪律的含义

纪律的含义是自我控制。建立和保持纪律要因人而异，需要一定的手段和技巧。保持纪律的原则从本质上来看也就是强化行为的那些原则，但也有一些明显的区别值得注意。

① 环境可能差异较大，唯一的选择是惩罚。
② 员工也许没有责任感，能力不强，或兼而有之。

无责任感则要求采取纠正措施，能力不强则需要进行有关培训、调换工作，或者解雇。如果没有任何改善的希望，只有采取最后的那种办法了。

2. 采取纪律措施

当违反纪律或犯错误时，采取纪律措施是一项可取的正确方法。绝大多数企业都有班组长可循的规章制度。一旦违纪出现，一般都是按照这个顺序，对违纪者按以下原则适当进行教育。

① 口头警告或惩罚。倘若违纪不严重。
② 书面警告或惩罚。把采取的措施成文并复印送其他负责人。
③ 停薪留职或结清工资解雇。必要时还要罚款，并做书面记录。
④ 最后的选择是解雇。它是企业最严厉的惩罚，在所有其他方法都无用时采用。它必须有具体的手续，并要出示文件证明。

除纪律惩罚外，绝大多数企业都具体规定了错误的类型及相应措施。对每种错误及其重犯者都有具体的对应措施。

3. 纪律处理决定的策略

由于任何规章和惩罚条例都不可能面面俱到，考虑得细致入微，因此班组长必须进行分析判断，并准备按自己的判断采取措施。员工对同班组长的决定玩"警察找小偷"的游戏很精通，他们将设法缓和气氛，诱使班组长陷入困境。新上任的班组长同没有受过重大教训的老班组长一样，在这种情况下会只能忍受。下面的建议有助于班组长避免这类问题，并且已取得理想的结果。

① 相信人们清楚并且理解这些规章制度。
② 坚决实施这些制度。
③ 对事不对人。
④ 避免作无益又烦琐的分析判断。对形势做合理评价，并以此为准。
⑤ 马上行动。即时，持续、非个人、正确无误。
⑥ 使其具有建议性。惩罚集中于你针对的行为，解雇也应如此，不要为积怨或报复。
⑦ 不管如何，只要可能，要在任何惩罚之前，试用一下强化手段，或借助惩罚使用强化手段。

4. 纪律处分具体措施

下面以某人事管理制度中有关纪律处分的有关条款为例进行说明。

纪律处罚条例

1. 规范公司纪律处罚政策及管理程序，创造一种高效、公正、公平的工作环境。
2. 纪律处罚条例

对违纪员工的处罚分行政和经济处罚两大类，行政处罚分为下列几种：警告、降职、降薪、解雇，其中警告分为口头警告、书面警告和最终警告。经济处罚分为罚款、赔偿。

2.1 口头警告

有下列情况之一，经查实，给予口头警告，并处以罚款处分：

- 谎报请假理由，每次罚款 100～500 元不等。
- 仪容不整，不按企业规定着装，不佩戴胸卡或不遵守出入企业规定，每次罚款 100 元。
- 在非吸烟区吸烟者，每次罚款 100～500 元不等。
- 冒领企业发放的礼品者。
- 无故不参加企业组织的会议或集体活动者。
- 在工作时间谈天、嬉戏、阅读与工作无关的书籍、杂志者。
- 在工作时间内未经请假批准，擅离工作岗位且超过 30 分钟者。
- 未经批准，擅自（或指使他人）挪动、拆装灭火器材或压埋占用消防栓，堵塞防火通道者。

2.2 书面警告

有下列情况之一，经查实，给予书面警告，并处以罚款处分：

- 旷工一天以内者，扣发当期全部奖金，并扣发当日工资与住房补贴。
- 代人打卡或请别人打卡者，每人次罚款 200 元。
- 违反胸卡佩戴规定，并拒绝进行监督检查，视情节轻重处以 200～500 元罚款。
- 对主管指示或有期限的工作安排，未有正当理由而未如期完成或处理不当者。
- 拒绝听从主管人员指挥、监督，属初犯者。
- 因个人过失导致工作失误，并造成损失，情节轻微者。
- 未经批准，擅自（或指使他人）按动"报警器"，挪动、拆装灭火器材或压埋占用消防栓，堵塞防火通道造成经济损失者。
- 在企业配备计算机上使用非工作软件者。
- 违反企业工作程序，导致轻微损失者。
- 在工作场地贩卖物品者。
- 浪费或损坏公物情节轻微者。
- 捡拾企业或他人财物匿而不报或据为己有者。
- 未经允许擅自带人进入企业者。
- 对同仁恶意诋毁、攻击、诬告或做伪证制造事端者。
- 在 6 个月期限内，累计有两次相同性质的口头警告或 3 次不同性质的口头警告。

2.3 最终警告、降职与降薪

有下列情况之一，经查实，给予最终警告，并可同时实施降职、处以罚款处分：
- 在企业内危害员工人身或财物安全者。
- 对企业财物、名誉造成不同程度损害。
- 违反企业管理规定。
- 有严重不良行为。
- 连续旷工 2 日或 1 年内旷工记录两次以上。
- 在 12 个月内，累计 2 次相同性质的书面警告或 3 次不同性质的书面警告。

2.4 解雇

有下列情况之一，经查实，可不预告直接予以解雇（解除劳动合同，且不享受任何经济补偿）：
- 严重危害员工人身、财物或企业财产安全者。
- 使企业财物、名誉受到损失者。
- 严重违反企业管理规定者。
- 行为不法或严重违规者。
- 累计两次不同性质的最终警告或一次最终警告后又有相同性质的警告处分。
- 对于员工的重大过失或屡次违纪行为可采取解雇处分处理。直接经理应作出关于事情发生经过的详细书面报告，解雇员工的处分应由部门负责人和人力资源负责人共同提出，并征得工会同意，最后由总经理批准实施。

3. 需要并处赔偿、罚款处罚，罚没款一律上交财务部门。

4. 员工被口头警告后 6 个月没有违纪的，或被书面警告后 12 个月内没有违纪的，或被最终警告后 18 个月没有违纪的将可撤销相应纪律处罚；也可根据员工的改进表现提前撤销处分。

三、如何对员工进行恰当的奖惩

1. 如何对优秀员工进行表扬

表扬员工需要一些艺术，正确的方法才能体现奖励效果。

（1）区别对待。不同的员工对认可会产生不同的反应。大多数人喜欢公开表扬，但是有些人会因为与众不同而感到不舒服，即使是好的方面也会让他们感到不舒服。班组长的目标是要了解每一位员工，以便于可以以对每一位员工产生最大影响的方式去认可每一位员工。

（2）表扬要趁热。表现和认可之间相隔的时间越长，认可产生的效果就会越小。再快都不过分。

（3）表扬要真诚。永远不要因为表扬而表扬，因为这样做只会削弱表扬的作用。

（4）把改进意见留到以后再说。很多领导在表扬员工的同时倾向于再给出一点反馈意见。现在是表扬和认可的时间，谈论次要的改进表现问题请另选时间。

（5）积极主动。尽可能多花时间找出那些做事优秀的员工。

（6）保持平衡。表扬最优秀的员工很容易，事实上，经常地得到认可可能是这些员工成为你最好的员工的一个原因。

（7）认可表扬别人的人。要想创造广泛的认可文化，要尝试表扬那些表扬其他员工的人。赞扬会巩固表现，如果想让员工彼此都认可，指出你有多么欣赏那些赞扬别人的人来支持这样的行为。认可效应和成就就是自我提高：当把认可员工的工作做得更好的时候，员工们也倾向于表现得更好，他们会做出更多的成绩。

2. 对犯错员工进行批评的技巧

不论谁都有犯错误的时候，当员工做错了事情时，老板或者领导肯定会找员工谈话，大多是批评教育的，那么在对员工进行批评惩罚的时候领导应该怎么做才合适呢？

（1）委婉批评。作为班组长，对员工批评一定要委婉贴切，切记脾气暴躁，想要知道员工也是人，也有自己的自尊，万一接受不了，员工就会收拾东西走人不干了。所以领导在对员工进行批评教育时一定要注意语言的委婉说法。既要让员工认识到自己的所出现错误，又要让员工觉得自己真正的错了愿意改正才好。

（2）先表扬，后批评。批评员工时，不要动不动就把员工叫到办公室劈头盖脸地大批一顿，这是不可取的。一定要对员工的优点进行先加表扬，说他的那些优点是值得每个人学习的，是别人的榜样，然后再提出一点点不足之处。接下来你就可以委婉的对员工进行批评了，一般员工在接受表扬以后心理上很容易接受批评的。

（3）多表扬，少批评。批评员工一定要讲究技巧性，一定要抓住大众的心理，能不批评的事情就尽量不要批评员工，该表扬的时候就一定要积极表扬，偶尔有些不足也可穿插在表扬中说出，这时候谁也不会太介意你的批评。

（4）私下批评。批评员工很重要的一点就是千万不要当着大家的面对某一个员工进行批评，不然，这个员工的自尊心必会受到很大的打击，从而会对你产生莫大的怨恨，换位思考一下，给员工留个面子，让他以后在大家面前也抬得起头来就好。

（5）结合适当处罚。对于那些对企业造成严重损失的员工，可以适当地对它们进行实质性的处罚，当然处罚也要根据具体事情的大小和严重程度而定，一定要记住适当，处罚的目的就是让员工认识到事情的严重性，从而下次不再犯如此错误就行了。

（6）批评中要教育。不论哪个领导对哪个员工进行批评都是为了教育他们少犯错误，多为企业谋利益，所以在批评员工时可以把它作为和员工的一次平时的谈话，而不仅仅是批评教育，这样轻松的氛围，员工会更容易接受批评教育。

建设性批评强调对方的功劳及可改善之处，而不是借问题进行人身攻击、批评对方个性上的缺陷，以防对方采取防卫性姿态，听不进忠告。通常来讲，要注意以下几点。

① 具体化。批评时应具体说明问题所在。同样的，称赞对方时也要具体说明，否则对方也不容易从中学习。

② 提出解决方案。批评时应针对问题，提出对方从没想到的方向、症结所在，或相应的措施。让被批评者去思考自己的问题。

③ 当面晤谈。批评要注意场合，尽量采用与当事人私下面谈的方式。在公开场合批评，较容易令对方不自在或有受辱的感觉。私下晤谈的效果相对较好些，一方面使对方了解所犯的错误，另外也提供对方说明或澄清的机会。

④ 体谅别人。批评时应有同情心，考虑别人听到批评后的感觉。如果以打压或贬损等方式来批评别人，不但不容易被接受，反而会引起怨恨、自我防卫与反弹现象。

3. 如何对违纪员工进行处罚

很多惩罚形式班组长没有这样的权限，但是班组长必须知晓相关规定，以便教育和督导员工。

（1）不同的错误使用不同的惩罚形式。管理者在对员工的期望行为给予奖励的同时，在一定程度上也要对员工的非期望行为予以必要的惩罚，惩罚在某种程度上也是教育。因此，有效而又公平地运用惩罚手段，也是激励员工的一种非常重要的手段。

惩罚的形式包括以下几种。

① 批评；
② 扣罚奖金；
③ 给予罚款；
④ 降低薪资；
⑤ 降低职务；
⑥ 免除职务；
⑦ 岗位调整；
⑧ 给予辞退；
⑨ 其他惩罚。

（2）惩罚要合理。要使受罚者罚而无怨，口服心服。必须让他们知道惩罚本身并不是目的，而仅是一种手段，对受罚者是教育，对其他人产生威慑力量，起到防患于未然的作用。一般惩罚不常使用，仅在不得已时才用，否则，员工容易产生对立情绪，不利于企业目标的实现。

（3）惩罚要适当。首先惩罚的时机要准确恰当，当事实真相已经查明时，就要及时处理；其次是惩罚的比例要恰当，对员工的一般错误，只要是可以教育的，就不要使用用惩罚的方法。惩罚程度宜轻不宜重：从宽惩罚，易使员工感到内疚，可避免产生逃避心理或抵触情绪；惩罚过重则易造成当事者的反感，并引起周围员工的同情，反而会削弱惩罚的效果。

（4）惩罚要一致。首先，要言行一致，严格按照制度规定执行；其次，要做到在惩罚面前人人平等，只有这样才能做到以罚服人。

（5）惩罚要灵活。惩罚的方法可灵活多样。对员工的惩罚方法，可以是口头的，也可以是书面的；可以是公开的，也可以是私下的。一般来说，员工受惩罚并不是光荣的事，因此，如以书面及公开方法处理，员工所受挫折较大，如以私下或口头方法处理，则员工所受挫折也相对较小。因此，除为维护纪律对性质恶劣的惩罚必须书面公开处理外，一般宜以口头或私下进行，以使受惩罚的员工自己有所警惕，知过而改即可。

第十章
紧抓安全之弦，保证安全作业

安全生产管理就是针对班组在安全生产过程中的安全问题，运用有效的资源，发挥班组成员的智慧，通过班组长和员工的努力，实现生产过程中人与机器设备、物料、环境的和谐，达到安全生产的目的。

要做到安全生产，班组长必须强化安全职责，树立正确的安全理念，加强安全培训与管理。

第一节 班组安全管理的职责

一、班组长有哪些安全职责

班组长是班组的安全生产第一责任人，也是完成班组生产任务的核心人物，从而决定了班组长在管好生产的同时，必须管好安全。一旦在生产中发生不安全现象或是事故，班组长必须担负相关的责任。班组长的具体安全职责有以下几方面。

① 认真执行劳动保护政策法规、本企业的规章制度以及本车间的安全工作指令等，对本班组成员的生产安全与身体健康负责。

② 根据生产任务、劳动环境和员工的身体、情绪、思想状况具体布置安全生产工作，布置安全措施，做到班前有布置，班后有检查。

③ 对本班组员工进行安全操作指导，并检查其对安全技术操作规程的遵守情况。

④ 教育和检查本班组员工是否正确使用机器设备、电器设备、工夹具、原材料、安全装置以及是否穿戴了个人防护用品。

⑤ 督促班组安全员认真组织每周的安全日活动，做好对新员工、调换工种和复工人员的安全生产知识教育培训。

⑥ 发生伤亡事故时，应立即向部门领导报告，并积极组织抢救。除了防止事故扩大而采取必要的措施外，还应保护好现场。组织班组按"三不放过"（事故原因分析不清不放过，事故责任者和群众没有受到教育不放过，没有采取切实可行的防范措施不放过）的原则，对伤亡事故进行分析，吸取教训，举一反三，抓好安全整改。督促安全员认真填写"员工伤亡事故登记表"（表 10-1），按规定的时

间上报。

表 10-1 员工伤亡事故登记表

填报部门：　　　　　　　　　　　　　　　　　　　　　编号：

班组		发生时间		
事故类别		发生地点		
姓名	受伤详细部位		受过何种安全教育	
工种	级别	性别		年龄
本工种工龄		歇工总天数		
事故详细经过				
事故原因分析				
重复发生预防措施				
伤亡事故处理	班组意见		签字：	
	部门负责人		签字：	
主管部门意见				

填表人：

⑦ 积极组织开展"人人身边无安全隐患活动"，制止违章指挥和违章作业，严格执行安全管理制度。

⑧ 加强对班组安全员的领导，积极支持其工作，实现安全生产档案资料管理制度化、规范化、科学化。

管理规范的企业应当组织全体员工参加一个安全大会，签下安全责任书，班组长和员工可从责任书中，了解自己的安全责任。下面是班组长安全责任书范例。

班组长安全生产职责书

1. 严格执行安全法规和本企业、本车间的安全生产规章制度，对本班组的安全生产全面负责。

2. 组织本班组成员认真学习并贯彻执行安全法规和本企业、本车间的安全生产规章制度和安全技术操作规程，教育员工遵纪守法，制止违章行为。

3. 负责对员工进行岗位安全教育，特别是加强新员工和临时工的岗位安全教育。

4. 加强安全管理活动，坚持班前有要求、班中有检查、班后有总结。

5. 负责班组安全检查，发现不安全因素及时组织力量消除，并报告上级。

6. 发生事故立即报告，并组织抢救，保护好现场，做好详细记录。

7. 搞好本班组生产设备、安全装置、消防设施、防护器材和急救器具的检查维护工作，使其保持正常运行，督促教育员工正确使用劳动保护用品。

8. 保证不违章指挥，不强制命令员工冒险作业。
9. 完成本部门领导委托的其他安全工作。
我承诺：坚决履行上述安全生产职责和义务，认真抓好本班组安全生产工作。

签发人：
责任人签名：
日期： 年 月 日

二、班组成员有哪些安全职责

班组成员是班组长的直接下属，每个人都有不可推卸的安全责任。班组成员的安全责任主要包括以下几项。

① 坚持"安全第一，预防为主"的指导方针，严格按照企业各项安全生产规章制度和安全操作规程进行操作，正确使用和保养各类设备及安全防护设施，不乱开、乱动非本人操作的设备和电气装置。

② 上班前做好班前准备工作，认真检查生产设备、生产工具及其安全防护装置，发现不安全因素应立即报告安全员或班组长。

③ 按规定认真进行交接班，交接生产情况和安全情况，并做好记录。

④ 积极参加和接受各种形式的安全教育及操作训练，参加班组安全活动，虚心听取安全技术人员或安全管理人员对安全生产的指导。

⑤ 按规定正确穿戴、合理使用劳动保护用品和用具。

⑥ 发现他人违章作业及时进行规劝，对不听劝阻的，立即报告有关领导和企业安全技术人员。

⑦ 对上级的违章指挥有权拒绝执行，并立即报告有关领导和企业安全技术人员。

⑧ 保持工作场地清洁卫生，及时清除杂物；物品堆放整齐稳妥，保证道路安全畅通。

⑨ 发生工伤、工伤未遂等事故或发现事故隐患时，应立即抢救并及时向有关领导和安全员报告，并保护好现场；同时积极配合事故调查，提供事故真实材料。

企业在召开安全大会时，组织班组成员签订《安全生产责任书》，使其真正地知道自己的安全责任。下面是员工安全生产责任书的范例。

员工安全生产责任书

1. 严格遵守企业各项安全管理制度和操作规程，不违章作业，不违反劳动纪律，对本岗位的安全生产负直接责任。

2. 认真学习和掌握本工种的安全操作规程及有关安全知识，努力提高安全技术。

3. 精心操作，严格执行工艺流程，做好各项工作记录，工作交接时必须同时交接安全情况。

4. 了解和掌握工作环境的危险源和危险因素，发现事故隐患及时进行报告。

5. 如果发生事故，要正确处理，及时、如实地向上级报告，并保护好现场。

6. 积极参加各种安全活动，发现异常情况及时进行处理；不能处理的，要及时报告班组长或安全员。

7. 正确操作，精心维护设备，保持作业环境整洁、有序。

8. 按规定着装上岗作业，正确使用各种防护器具。

9. 拒绝执行违章作业指令，并报告安全员。

10. 对他人违章作业及时予以劝阻和制止。

我们承诺：坚决履行上述安全生产职责和义务，认真做好本岗位的安全生产工作。

签发人：

日期：　　　年　　　月　　　日

责任人签名单见表10-2。

表10-2 责任人签名单

序　号	姓　名	工　号	工　种	签　名
1				
2				
3				
4				
5				
6				
7				
8				

三、安全员有哪些安全职责

安全员是企业安全工作的一线管理者，所以必须要负担起企业安全管理的职责。安全员的安全职责主要有以下几点。

① 坚持"安全第一，预防为主"的原则，定期对作业人员和新上岗人员进行安全生产、文明施工的思想教育。

② 检查员工是否严格遵守、执行各工种安全生产的规章制度。
③ 及时发现事故隐患，与企业主管人员采取有效措施，防止事故的发生。
④ 协助企业安全管理的主管人员制订和落实安全措施，检查厂房设备、电器的安全使用情况。
⑤ 及时报告工伤事故，做好事故调查工作和安全检查原始记录。
⑥ 负责督促和检查在生产过程中个人防护用品的发放和使用。
⑦ 总结经验教训，协助企业管理人员制定防止事故发生的措施。
⑧ 经常检查工地安全标语牌及各种安全禁令标志是否完好无损，督促文明施工的有序进行。

安全员是企业安全管理的第一把关人，安全员要想尽职尽责地将安全工作做好就要做到"四勤"。

① 脑勤。安全是一门硬件与软件相结合的学科，企业的安全管理包括传统安全管理和现代安全管理理论，脑勤的安全员不仅要善于学习，而且要勤于思考。
② 嘴勤。安全员在日常工作中对员工违反安全生产的行为要及时提醒，不能碍于情面或懒惰而对违规行为视而不见或不加细察。
③ 手勤。安全员应亲自动手制作知识小卡片、黑板报、标语牌并通过召开安全故事会、安全知识小竞赛等活动，来增强员工的安全知识。
④ 脚勤。安全员要经常走出办公室，深入到生产现场，深入到员工中去调查研究，了解情况，去发现问题、研究问题、解决问题，充分掌握企业安全的真实概况。

第二节　树立正确的安全理念

一、建立"四不伤害"理念

1. 什么是安全管理的"四不伤害"

（1）我不伤害自己。"我不伤害自己"，就是要提高自我保护意识，不能由于自己的疏忽、失误而使自己受到伤害。它取决于自己的安全意识、安全知识、对工作任务的熟悉程度、岗位技能、工作态度、工作方法、精神状态、作业行为等多方面因素。

（2）我不伤害他人。"我不伤害他人"，就是我的行为或行为后果不能给他人造成伤害。在多人同时作业时，由于自己不遵守操作规程、对作业现场周围观察不够以及自己操作失误等原因，自己的行为可能对现场周围的人员造成伤害。

（3）我不被他人伤害。"我不被他人伤害"，即每个人都要加强自我防范意识，工作中要避免他人的错误操作或其他隐患对自己造成伤害。

（4）我保护他人不受伤害。任何组织中的每个成员都是团队中的一分子，要担负起关心爱护他人的责任和义务，不仅自己要注意安全，还要保护团队的其他人员不受伤害，这是每个成员对集体中其他成员的承诺。

2. "四不伤害"有何重要性

"四不伤害"的安全理念是在"三不伤害"的基础上的提升，是人性化管理和安全情感理念的升华。即在"不伤害自己、不伤害他人、不被他人伤害"的"三不伤害"的安全理念的基础上，增加"保护他人不受伤害"。这既是关心他人，也是关心自己的观点，进一步丰富和发展了安全管理的内涵，拓宽了安全管理的渠道，突出了"以人为本"的安全管理理念，强化了安全生产意识。

随着安全管理的不断精细化，安全生产标准化及作业环境本质安全的迫切需要，把"三不伤害"提升到"四不伤害"显得极为重要。在安全管理工作中，"四不伤害"充分体现了每一个作业人员的自保、互保、联保意识。

自保就是在工作中，必须清楚地知道自己该做什么，不该做什么，应该做什么，怎么去做；并对作业现场的危险因素、安全隐患和事故处理及防范措施都要做到心中有数，从而确保自己的安全。

互保就是在作业过程中，要看一看有没有危及他人的安全，详细了解周边的安全状况，关键时刻要多提醒身边的同事。一个善意的提醒，就可能防止一次事故，就可能挽救一个生命。关心周围同事的行为，对现场出现"三违"现象要及时制止，绝不视而不见，更不能盲目从事。关注他人安全的意识就是保护他人的安全，是每一个作业人员的安全责任和义务，也是保护自己的有效措施。

联保就是在作业过程中，不单单关心自己，同时还要关心他人，相互提醒、相互监督、相互促进，形成人人抓安全，人人保安全的责任意识，增强员工的凝聚力，提高全员的安全意识。

3. 如何建立"四不伤害"安全理念

员工的安全是企业正常运行的基础，也是家庭幸福的源泉。有安全，美好生活才有可能。

（1）我不伤害自己。要想做到"我不伤害自己"，应做到以下方面。

① 在工作前应思考下列问题：我是否了解这项工作任务，责任是什么？我具备完成这项工作的技能吗？这项工作有什么不安全因素？有可能出现什么差错？出现故障我该怎么办？应该如何防止失误？

② 保持正确的工作态度及良好的身体心理状态，懂得保护自己的责任主要靠

自己。

③ 掌握自己操作的设备或活动中的危险因素及控制方法，遵守安全规则，使用必要的防护用品，不违章作业。

④ 弄懂工作程序，严格按程序办事。

⑤ 出现问题时停下来思考，必要时请求帮助。

⑥ 谨慎小心工作，切忌贪图省事，不要干起活来毛毛躁躁。

⑦ 不做与工作无关的事。

⑧ 劳动着装齐全，劳动防护用品符合岗位要求

⑨ 注意现场的安全标志，对作业现场危险有害因素进行充分辨识。

⑩ 积极参加一切安全培训，提高识别和处理危险的能力；虚心接受他人对自己不安全行为的提醒和纠正。

（2）我不伤害他人。要想做到"我不伤害他人"，应做到以下方面。

① 自己遵章守规，正确操作，是"我不伤害他人"的基础保证。

② 多人作业时要相互配合，要顾及他人的安全；对不熟悉的活动、设备、环境多听、多看、多问，进行必要的沟通协商后再行动。

③ 工作后不要留下隐患；检修完机器时，将拆除或移开的盖板、防护罩等设施恢复正常，避免他人受到伤害。

④ 操作设备尤其是启动、维修、清洁、保养时，要确保他人在安全的区域。

⑤ 你所知道的危险及时告知受影响人员、加以消除或予以标识。

⑥ 对所接受到的安全规定/标识/指令，请认真理解后执行。

⑦ 高处作业时，工具或材料等物品放置稳妥，以防坠落砸伤他人；动火作业完毕后及时清理现场，防止残留火种引发火情。

⑧ 机械设备运行过程中，操作人员未经允许不得擅自离开工作岗位，谨防其他人误触开关造成伤害等。

⑨ 拆装电气设备时，将线路接头按规定包扎好，防止他人触电；

⑩ 起重作业要遵守"十不吊"，电气焊作业要遵守"十不焊"，电工作业要遵守电气安全规程等。每个人在工作后作业现场周围仔细观察，做到工完场清，不给他人留下隐患。

（3）我不被他人伤害。要想做到"我不被他人伤害"，应做到以下方面。

① 提高自我防护意识，保持警惕，及时发现并报告危险。

② 拒绝他人违章指挥，提高防范意识，保护自己。

③ 对作业场地周围不安全因素要加强警觉，一旦发现险情要及时制止和纠正他人的不安全行为并及时消除险情。

④ 不忽视已标识的潜在危险并远离，除非得到充足防护及安全许可。

⑤ 要避免由于其他人员工作失误、设备状态不良或管理缺陷遗留的隐患给自己带来的伤害。如发生危险性较大的中毒事故等，没有可靠的安全措施不能进入危险场所，以免盲目施救，自己被伤害。

⑥ 交叉作业时，要预见别人可能对自己造成的伤害，并做好防范措施。检修电气设备时必须进行验电，要防范别人误送电等。

⑦ 设备缺乏安全保护设备或设施时，例如旋转的零部件没有防护罩，员工应及时向上级主管报告，接到报告的人员应当及时予以处理。

⑧ 在危险性大的岗位（例如高空作业、交叉作业等），必须设有专人监护。

⑨ 纠正他人可能危害自己的不安全行为，不伤害生命比不伤害情面更重要。

（4）我保护他人不受伤害。要想做到"我保护他人不受伤害"，应做到以下方面。

① 任何人在任何地方发现任何事故隐患都要主动告知或提示给他人。

② 提示他人遵守各项规章制度和安全操作规程。

③ 提出安全建议，互相交流，向他人传递有用的信息。

④ 视安全为集体荣誉，为团队贡献安全知识，与其他人分享经验。

⑤ 关注他人身体、精神状态等异常变化。

⑥ 一旦发生事故，在保护自己的同时，要主动帮助身边的人摆脱困境。

二、安全为主，预防为先

1. 安全生产最重要的就是预防

安全生产方针是"安全第一、预防为主、综合治理"。"预防为先，安全为首"，才能有效降低企业安全事故发生的频率。

安全生产最重要的就是要预防。像治疗疾病一样，预防是前沿阵地，是防止疾病产生的最佳选择。当今大企业、工矿设备，每个岗位都有它的技术标准、安全规则，以及前辈师傅们的工作经验。所以要学会学习，虚心听取同行的经验和教训，而且要掌握要领，这是防止安全事故发生的最佳选择。

正如疾病预防的成本远远比治疗疾病要便宜得多一样，安全事故的预防是更经济、更划算的行为。有安全隐患就要动脑筋去发现、去处理。如果发现了不安全因素却不理不睬、不重视，就埋下了事故的导火索，随时可能引爆，造成他人以及财产的损失。

人的生命只有一次。所以，安全生产开不得半点玩笑。其中很多特殊工种对安全的要求性更高，也就更容易造成安全事故，所以，特殊岗位的员工更应学习好岗位安全知识，必须经过安全培训，持证上岗。各方面严格要求了自己，防范到位，生命也就多了几分安全保障。

一些人不爱穿戴好劳保用品，虽然看起来并不影响生产，却是造成不安全的一个重要因素。像焊工不戴口罩是非常吃亏的，长期吸入各种有毒烟气会造成机体中毒，危及生命。所以，安全生产重在预防，来不得一点侥幸。

虽然有了安全防范也会存在安全事故威胁，但有防范总比不防范要好得多，像对付疾病的产生一样，预防总比治疗好。现在的某些疾病还是不能根治，所以，预防应该永远是第一位的。

俗话说："安全是天，生死攸关。"安全是人类生存和发展的基本条件，安全生产关系职工生命和财产安全、家庭幸福和谐；关系到企业兴衰的头等大事。对于企业来说，安全就是生命，安全就是效益，唯有安全生产这个环节不出差错，企业才能更好的发展壮大，否则，一切皆是空谈。

安全生产，得之于严，失之于宽。在安全生产和安全管理的过程中，时常会看到因为一些细节的疏忽而酿成大的事故，一切美好的向往、对未来美好憧憬也将随着那一刹那的疏忽而付之东流。

安全生产只有起点没有终点。安全生产是永不停息、永无止境的工作，必须常抓不懈，警钟长鸣，不能时紧时松、忽冷忽热，存有丝毫的侥幸心理和麻痹思想；更不能"说起来重要、做起来次要、干起来不要"。

安全意识也必须渗透到我们的灵魂深处，朝朝夕夕，相伴你我。我们要树立居安思危的忧患意识，把安全提到前所未有的高度来认识。安全生产虽然慢慢步入良性循环轨道，但我们并不能高枕无忧。随着科技的发展与进步，安全生产也不断遇到新变化、新问题，我们必须善于从新的实践中发现新情况，提出新问题，找到新办法、走出新路子。面对全新而紧迫的任务，更要树立"只有起点没有终点"的安全观，真正做到"未雨绸缪"。

2. 怎么预防不安全心理的产生

很多企业和员工均存在侥幸心理，企业在管理中安全责任意识淡薄，没有从责任感、意识层次上进行预防。"安全第一、预防为主"更应该体现在从心理上真正地做好思想准备工作，从意识上、从责任感上、从思想上做好准备。我国大多数企业在安全管理工作中，知道安全管理可以给企业带来无形的经济效益，但是，也有不少企业没有从思想上重视安全管理，给企业带来了破灭性的灾难。下面将主要的不安全心理分析如下。

（1）侥幸心理。有侥幸心理的人通常认为操作违章不一定会发生事故，相信自己有能力避免事故发生，这是许多违章人员在行动前的一种重要心态。心存侥幸者不是不懂安全操作规程，或缺乏安全知识、技术水平低，而是"明知故犯"；他们总是抱着违章不一定出事，出事不一定伤人，伤人不一定伤己的信念。

（2）冒险心理。冒险也是引起违章操作的重要心理原因之一。理智性冒险，"明知山有虎，偏向虎山行"；非理智性冒险，受激情的驱使，有强烈的虚荣心，怕丢面子；有冒险心理的人，或争强好胜、喜欢逞能，或以前有过违章行为而没有造成事故的经历；或为争取时间，不按安全规程作业。

有冒险行为的人，甚或将冒险当做英雄行为。有这种心理的人，大多为青年职工。

（3）麻痹心理。具有麻痹心理者，或认为是经常做的工作，习以为常，不觉得有什么危险，或没有注意到反常现象，照常操作。还有的则是责任心不强，沿用习惯方式作业，凭"老经验"行事，放松了对危险的警惕，最终酿成事故。

麻痹大意是造成事故的主要心理因素之一，其在行为上表现为马马虎虎，大大咧咧，盲目自信。他们往往盲目相信自己以往的经验，认为自己技术过硬，保证出不了问题（以老同志居多）。

（4）捷径心理。具有捷径心理的人，常常将必要的安全规定、安全措施当成完成任务的障碍，如为了节省时间而不开工作票、高空作业不系安全带。这种心理造成的事故，在实际发生的事故中占很大的比例。

（5）从众心理。具有这种心理的人，其工作环境内大都存在有不安全行为的人。如果有人不遵守安全操作规程并未发生事故，其他人就会产生不按规程操作的从众心理。从众心理包括两种情况：一是自觉从众，心悦诚服、甘心情愿与大家一致违章；二是被迫从众，表面上跟着走，心理反感，但未提出异议和抵制行为。

（6）逆反心理。逆反心理是一种无视管理制度的对抗性心理状态，一般在行为上表现出"你让我这样，我偏要那样""越不许干，我越要干"等特征。逆反心理表现为两种对抗方式：显现性抗指当面顶撞，不但不改正，反而发脾气，或骂骂咧咧，继续违章；隐性对抗指表面接受，心理反抗，阳奉阴违，口是心非。

具有逆反心理的人一般难以接受正确、善意的提醒和批评，他们坚持其错误的行为，在对抗情绪的意识作用下产生一种与常态行为相反的行为，自恃技术好，偏不按规程执行，甚至在不了解物的性能及注意事项的情况下进行操作，从而引发人身安全事故。

（7）工作枯燥、厌倦心理。从事单调、重复工作的人员，容易产生心理疲劳和厌倦感。具有这种心理的人往往由于工作的重复操作产生心理疲劳，久而久之便会形成厌倦心理，从而感到乏味，时而走神，造成操作失误，引发事故。

（8）好奇心理。好奇心人皆有之，其是对外界新异刺激的一种反应。好奇心强的人容易对自己以前未见过、感觉很新鲜的设备乱摸乱动，从而使这些设备处于不安全状态，最终影响自身或他人的安全。

（9）逞能心理。争强好胜本来是一种积极的心理品质，但如果它和炫耀心理结合起来，且发展到不恰当的地步，就会走向反面。

（10）无所谓心理。无所谓心理表现为对遵章或违章心不在焉，满不在乎。持这种心理的人往往根本没意识到危险的存在，认为规章制度只不过是领导用来卡人的。他们通常认为违章是必要的，不违章就干不成活，最终酿成了事故。

（11）作业中的惰性心理。惰性心理指尽量减少能量支出，能省力便省力，能将就凑合就将就凑合的一种心理状态，其也是懒惰行为的心理依据。

（12）情绪波动，思想不集中。情绪是心境变化的一种状态。顾此失彼，手忙脚乱，高度兴奋或过度失落都易导致不安全行为。

（13）技术不熟练，遇险惊慌。对突如其来的异常情况惊慌失措，无法进行应急处理，难断方向。

（14）错觉下意识心理。这是个别人的特殊心态，一旦出现，后果极为严重。

（15）心理幻觉近似差错。莫名其妙的"违章"，其实是人体心理幻觉所致。

行为科学是研究人的行为的一门综合性科学。它研究人的行为产生的原因和影响行为的因素，目的在于激发人的积极性和创造性，从而达到组织目标。它的研究对象是探讨人的行为表现和发展的规律，以提高对人的行为预测，以及激发、引导和控制能力。

三、如何实现零伤害、零职业病和零事故

1. 如何实现零伤害

（1）正确定位与规划

① 战略定位。企业要有清晰的战略方针，从长远角度来考虑企业的总体发展方向。

② 策略规划。每一个企业都应制订自己的远期和近期的计划，来指导自己企业的日常行为和规范，这是一个企业必须建构的规划。

（2）正确认识安全信，加强重视

① 所有的伤害都是可以预防的。这一条是安全信条的核心。这一条要求看上去有点过分，但是多年的实践证明，坚持这条安全工作的原则，就能取得好的成绩。反之，任何偏离该原则的做法必然会导致工作的失误。

② 管理层对安全及安全业绩负责。从上到下各级管理人员均有责任在其管辖范围内避免伤害的发生。管理层的一个重要责任是制定安全工作目标，提供资源并通过有效的监督使安全工作能持久和有效。

③ 全员参与安全工作至关重要。正如质量管理工作一样，安全管理工作离开

了全员的参与也很难取得实效。现代化的企业每人每月要作一次安全检查，及时现安全漏洞，提高员工的安全意识。

④ 任何作业中存在的危险源都应加以防护。本条与第一条"所有的伤害都是可以预防的"有相通的地方。前面讲的是目标，这里讲的是具体做法。首先要对现场的危险源进行辨识；接下来最彻底的方法就是消除和改变危险源，但在实践中往往不可行。另一种选择是采用产生较少危害的工艺或设备。

但在大多数情况下，不得不采用将危险源加以隔离的方法。以此相配套的还有：制订相应的安全作业规程，员工培训，劳保装备的应用。通过以上几个方面的共同作用来保证人员的安全。

⑤ 安全工作是雇佣的基本条件。安全作为雇用的基本条件，企业应加强安全的重视程度，规定每个岗位在安全方面的职责。

⑥ 安全培训是必不可少的。员工从进入企业第一天起就须接受安全培训，在日后的工作中还应不断地进行各类安全培训以不断加强员工的安全技能和意识。

⑦ 所有暴露的作业危险都可以被隔离。所有的作业危险，特别是暴露在外的，都应该被隔离起来，也是可以被隔离起来的。只有把危险源隔离开来，才能杜绝员工在工作中因疏忽大意而导致的危险。

（3）规范管理

① 规范制度。没有规则会使企业陷入僵局。小到员工守则大到企业运营，都应在遵循各项规章制度下规范运作。

② 人性管理。除了规范的制度以外，应采取人性化管理针对员工出现的不同的心理状况应进行及时沟通，疏导员工情绪，消除不安全因素。

③ 加强执行力。将各项规章制度落到实处，要求员工按照操作规程工作，检查员工劳保防护用品穿戴情况，提高员工的安全意识，对于危险区域要做好相关的安全措施。

④ 加强安全分析工作。工作安全分析（JSA）程序是为员工设计的用来管理他们的日常工作中的安全风险的工具。在进行一项有一定安全风险的工作前，要求参与作业的员工需在"工作安全分析用表"上写出每一个作业步骤、每一个作业步骤中潜在的危险及相应的控制措施。

⑤ 发现隐患和发生事故必须及时报告。现场发现存在危险隐患，必须立即报告，并进行处理。任何人发现自身或者他人处于危险环境中时，必须及时提醒他人并消除危险。如遇到自己不能解决的，必须立即上报现场管理人员，禁止强行处理。具体措施建议如下。

a. 工厂及施工现场都必须制定隐患整改及事故报告制度。

b. 现场发生任何事故或发现隐患后，必须立刻通知现场管理人员。

c. 发现隐患后，应制订快速、有效的控制和预防措施，及时消除隐患。

d. 进行持续性监督，跟踪隐患处理措施是否有效，如无效则必须重新制订，做持续性改进，防止事故发生。

e. 任何受伤或者事故，无论有多小，都必须报告并调查，并且必须在受伤或者事故发生的 24h 之内，向上一级部门及企业管理层提交详细的事故调查报告。

f. 发生人身伤亡事故时，必须及时联系相关部门和单位进行救护。

g. 在准备或完成立即处理措施时，必须保护好事故现场，接受事故调查。

⑥ 建立工作现场应急预案。针对可能发生的紧急事件，必须制定工作现场应急预案。例如：高处坠落，人员触电、医疗急救或恶劣天气如台风等。具体措施建议如下。

a. 必须定期进行应急演习。

b. 材料的堆放必须符合要求，所有施工区域必须留有一条 4m 宽的消防、急救车通道，保证消防、急救车可以到达任何一个施工点及区域。

c. 现场必须设置担架、药箱等急救设施。

d. 设置应急救助站。

e. 设置紧急集合点。

f. 现场配备足够的 ABC 干粉灭火器材，并定期检查。

g. 进行应急培训，保证所有人员熟悉应急设备及紧急逃生通道的位置。

h. 发生急救及火灾事故时，必须派专人在路口等待，引导急救车及消防车进入施工工地。

i. 收录应急联系电话，包括当地的医院、消防中队及相关政府部门、所有管理人员的联系电话，并张贴在现场办公室或其他醒目的地方。

j. 建立员工家属联络方式，并建档保存。

⑦ 重奖重惩。具体措施建议如下。

a. 企业应当鼓励工作中的安全行为和奖励安全表现良好的员工。对安全表现良好的员工可以直接进行奖励，也督促各个部门奖励表现好的员工。

b. 员工的违章行为分为三级，为保障工作区域安全，对员工的违章行为实施处罚。

⑧ 技巧性地开展安全工作。具体措施建议如下。

a. 全员加强安全检查。每人每月作一次安全检查，其目的是发现安全漏洞，即不安全行为和不安全状况。这种做法也有利于提高职工的安全意识。

b. 建立安全委员会。建立安全委员会，成员来自于不同层面，从高级管理层直至基层员工（如：操作工），成员多样性，使得委员会做出的安全改进计划的可操作性大大增强。

c. 建立工具箱会议制度。通常也称作班前会，一般用于开工前布置工作时，利用这一机会来提醒安全方面的事项。

d. 提倡"三思而后行"的行为准则。这是一种思维和行为方法，简单而又行之有效。它提倡在行动前先要停顿一下，确认无误以后才开始。

e. 加强安全检查。安全检查的目的，就是要求员工对发生的大大小小的事故和事故件都予以报告，并分析原因，通过发现、记录和分析这些事故和事件，来减少事故发生的概率。

安全不能靠一时一事，实际情况的复杂性和多变性决定了安全工作是一个长期的任务，安全工作是场无止境的长征。

2. 如何实现零职业病

用人单位不履行职业病预防义务，职业病诊断难、鉴定难、获赔难……，从张海超"开胸验肺"到"毒苹果"，从云南水富"怪病"到深圳农民工尘肺，一桩桩沉痛的事件一次次触及我国职业病防治之殇。《中华人民共和国职业病防治法》将腰背痛、颈椎病、"鼠标手"等纳入其中，进行全新扩容，不仅体现了职业病防治的与时俱进，也体现了国家层面对劳动者的人性化关怀。但在为《职业病目录》扩容叫好的同时，更应该看到一项公共政策执行范围的拓展，必须建立在执行有力，并取得显著成效的基础之上。

刑法分则第131条至139条规定的消防责任事故罪、交通肇事罪、工程重大安全事故罪等9种危害公共安全罪以造成严重后果为犯罪的构成要件，未规定重大安全隐患、具有极大的社会危害性的行为是犯罪，不利于促使企业或个人防患未然地处理涉及公共安全的事务。由于企业或雇主违法冒险经营带来的利润是现实的，所以企业或雇主常以职工健康和生命为代价去追求尽可能多的利润。对依法维护职工利益的群众组织——工会来说，应主动预防风险，真正为职工做实事、做好事。

预防职业病应做到以下几点。

（1）认真执行操作规程，充分利用防护设施和劳保用品。在生产劳动过程中，一定要养成严格遵守生产操作规程的良好劳动习惯，防止造成生产事故和职业危害。另外，工矿、企业还针对职业危害的特点，提供了一系列劳动防护工具和用品，如用于防尘、防烟雾以及防刺激性气体的防护眼镜；用于防护强热辐射、紫外线的防护面罩；用于防止皮肤污染和损害的防护药膏等，都要自觉地坚持佩戴和使用。

（2）养成良好生活习惯，提高自身防病能力。如在有尘、毒危害环境中作业应养成不吸烟、不吃零食和自觉使用防护用品的行为习惯；在从事高空作业及复杂精细工作时应养成不饮酒和保证充足睡眠的行为习惯等。此外，还应针对职业危害因素的特点，养成良好的饮食习惯，如接触铅尘、铅烟作业人员，平时应多食含磷和维生素 E 丰富的食品；接触磷作业人员应多食含钙、维生素 C 及维生素 B 族多的奶类、豆类食品及水果；接触苯类作业人员应多食瘦肉、鱼、蛋等富含蛋白质、低脂肪的食物和新鲜蔬菜及水果等，以减少对毒物的吸收或蓄积，增强人体抵抗能力。

（3）定期进行健康检查。各类作业人员，尤其是接触尘、毒及电离辐射的员工，要定期、主动地接受健康检查，及时发现轻微的职业疾患或前期症状，采取相应的防护措施，确保身体健康。

3. 如何实现零事故

"零事故"的概念最早起源于日本。早在 1973 年，日本就借鉴美国安全评议会开展的"Zero in on safety"活动思想，并将其与质量控制活动（QC）、创造性问题解决方法（KJ 法）等方法相结合使用，最终演变为我们今天所熟知的"零事故"活动。

日本的"零事故"活动从 1973 年实施以来，经过多次改良，已经成为日本安全卫生工作中不可或缺的一项安全管理方法。

（1）树立"零事故"目标。据安全调研报告显示，随着社会发展，企业渴求安全的呼声越来越高，而"零事故"活动无疑是企业推进安全文化建设最有效的方法。

从安全文化建设的角度上讲，企业落实零事故安全生产管理的价值主要体现在以下几方面。

① 促进"以人为本"的价值观更快深入人心。一家真正将"以人为本"做到实处的企业，必将是一家成功的企业。从安全本身来讲，做好"零事故"就是以员工生命安全为基点。人是所有活动的根本，所以企业通过"零事故活动"可以达到如下安全价值目标。

② 强化员工的执行力。减少员工的不安全行为可简单理解为强化执行力。从事安全管理工作的人士都有一个普遍认识：事故之所以发生主要在于"操作者"没有按照程序执行。也就是员工具备专业知识和技术（会做），但没有按照专业要求的标准去做（忽视安全），所以导致安全事故的发生。

也就是说，企业安全管理者要想单纯依靠命令、指示、规定、教育、强制等安全管理的方法来防止安全事故的发生是非常困难的，而且其所能发挥的作用也是非常有限的。所以，要想真正做好安全防范管理工作，必须采取团队自主活动。而"零事故"活动的提倡及实施恰恰帮助企业解决了这一问题。因为从"零事故"实施的范围来讲，该活动是通过全员参与、安全预知的方法解决岗位危险及存在的隐患，最终实现工作现场的安全和舒适，从而创建一个健康的工作环境。简单来讲，就是促进员工自觉减少不安全行为。

安全是人类生存生活的基础保障，没有了安全，"以人为本"就是一句空话。

安全工作不是亡羊补牢，而是未雨绸缪，防微杜渐。

（2）认识"零事故"是最大的节约。安全工作不能有一点偏差，因为每一次事故造成的经济损失都将给社会带来难以承担的重担。安全管理稍有疏漏就会酿成事故，给人民生命造成威胁，财产造成损失。

据国家统计局不完全统计，我国企业界一年发生70多万起事故，经济损失达2500亿元，占全国财政收入的5%。全国一年的事故损失相当于1000多万个职工一年的辛勤劳动化为乌有，相当于1亿多农民一年颗粒无收。

安全是人类世界亘古不变的命题，而降低安全成本是现代企业一大目标。如何降低企业安全成本？这是现代企业迫在眉睫的事情。

企业倡导的"零事故"活动可以从根本解决企业存在的安全问题，进而解决安全成本问题，即将"零事故"安全生产管理的价值呈现在企业管理者及员工面前。

① "零事故"是企业最大的成本节约。据不完全统计，企业每年因安全事故导致的花费，几乎占据企业生产总成本的10%左右。

② 降低企业的人力成本。安全事故降低了，企业人员的生命安全保障就得到了提高，所以在企业人员配备上就能节省一大笔资金。

③ 设备、物料成本有效降低。没有安全事故发生，设备的使用寿命就在无形中得到延长，这就降低了企业的采购成本。

④ 员工的幸福指数上升。员工的幸福指数是指员工在工作中获得的知识、能力、心理承压以及工作热情的数字指标。

安全为了生产，生产必须安全。这是"零事故"活动节约企业成本的前提条件。所以，做好"零事故"活动就是企业安全生产管理收获的最大价值。

四、如何实现"要安全"到"会安全"的转变

1. 从"要我安全"到"我要安全"

安全是指不受威胁、没有危险、危害、损失。人类的整体与生存环境资源的和谐相处，互相不伤害。不存在危险的危害隐患，是免除了不可接受的损害风险的状态。

"要我安全"是一种被动的安全观，而"我要安全"是一种主动的安全观。

从"要我安全"转变为"我要安全"就是从被动转变为主动，把指标变成大众的意识，把被动防护变成基本意识的防护。

"安全生产没有终点只有起点！"各班组必须把安全生产放在第一位，使安全生产全员参与、齐抓共管。"安全"是企业管理过程中的永恒的主题，而我们要做好安全生产，就必须从"要我安全"的思想中转变为"我要安全"。

（1）"我要安全"不在于知道，关键在于行动。无论什么时候，都不能丢掉"安全"两个字，在一线工作的员工，都知道公路上的车辆川流不息地穿梭奔驰着，非常不安全，所以在施工作业时要认真、规范摆放好施工牌等安全防护措施，这是保护自己，并不是做给领导看的，更不是来应付上级检查的。做好安全防护措施，是关心员工，对员工负责的一种体现。而企业要保证安全生产，则需要全体员工发扬主人翁精神，真正树立起"安全生产，人人有责"的安全理念，从被动接受的"要我安全"转变为积极主动的"我要安全"。

（2）要养成安全意识和良好的习惯，从我做起，从小事做起。上班前按规定穿戴防护用品；使用机械、机具要按操作规程进行操作，发现异常及时整改；下班后要注意休息，养足精神，劳逸结合。行业的特点决定了工作中存在各种不安全因素，因此，在工作中头脑要保持高度警惕，时刻把安全放在心理，在思想上不要存在麻痹和侥幸心理，不要认为这些事故不可能发生在自己身上，一次两次可能避免，时间长了，谁都不敢保证事故不会发生在自己身上，所以在生产工作过程中，要严格遵守安全生产规章制度，把安全生产落实到行动中去。

所以说，企业制定措施，提升职工安全意识，实现"要我安全"向"我要安全"的转变，是安全生产执行力由强制性到自觉性的一次质的飞跃。

2. 从"我要安全"到"我会安全"

不但要有"我要安全"的意识，还要学会我会安全，我能安全。在员工意识到"我要安全"的同时，还必须实现"我会安全"，才能从事故源头控制不安全行为，减少或避免事故的发生。

如何从根本上提高员工的安全保护意识，实现从"我要安全"到"我会安全"的根本转变？

（1）完善安全管理规章制度

① 企业每年都要对管理规章进行一次修订、完善，并建立补充各类记录台账。

② 企业要全面开展安全运行内审工作，有计划、有频次、有步骤地逐条进行审计。对安全运行中发现的问题不隐瞒、不回避，及时提出限期整改意见，对整改的问题做好跟踪落实，才能大大提高了安全运行质量。

③ 企业还要做到"八字方针"，把"安全第一，预防为主"列入管理的重要工作日程，每次开会首先就要研究安全工作，当安全与效益、安全与其他工作发生矛盾时，首先解决安全问题。

④ 坚持安全教育制度，每周确定一天为安全活动日。通过对安全规章的学习，安全事例的点评，逐步增强员工的安全意识。

⑤ 坚持每月安全员例会制度，定期分析安全形势，查找安全隐患，有针对性

地提出安全措施和要求，防患于未然。

⑥ 坚持安全责任落实制度，每年首先落实安全管理精神，签订安全合同安全责任书，把安全指标层层分解、量化，把安全责任落实到基层，落实到岗位，落实到人头，形成良好的安全工作氛围。

⑦ 对发生问题的单位和个人，严格按照"四不放过"的原则，给予严肃处理。

通过建立健全各项安全管理制度，在安全工作中逐步形成用制度约束人、程序规范人的安全管理新格局，使安全管理更加科学化、规范化。

（2）加强安全知识培训。为强化全体员工的安全意识，不断提高员工的安全保障能力，应逐步建立了完备的教育培训管理体系，做到安全教育年有计划、月有安排，覆盖全员，不留死角，努力使教育培训工作常态化。

在安全教育上注重：一是结合企业运营的特点；二是结合年度安全教育计划；三是结合企业分部在各个主体厂的特殊情况；四是结合企业各类从业人员的工作特性。特别是特种作业人员分专业不同进行教育培训，严把安全关，为确保安全提供技术保障。

每周都要进行安全学习，充分利用好学习机会，使每个班组成员的安全知识达到一定的水平，成为班组安全工作的主心骨，利用班组安全活动对员工进行安全知识培训常抓不懈。

（3）建立企业安全文化。安全工作是一项系统工程，它涉及到企业的方方面面，涉及到参与生产活动的每一个人。为使安全第一、全员参与的文化理念深植员工的意识当中，让"我要安全"，变为"我会安全"，企业在安全文化建设方面，要大胆进行大量的有益尝试。如以落实安全规章、防止人为差错、提高安全质量为中心，开展安全知识竞赛、安全演讲比赛、安全橱窗比赛、安全标兵评选、安全技术研讨、安全文化词条征集等形式多样、内容丰富的安全文化活动。通过这些活动传播安全知识、强化安全理念。

为进一步将安全文化具体化、形象化、人格化。企业还可借助电子网络和通过在内部开展每月评选出安全型先进个人，每季度评选出安全型先进班组的活动这两个文化平台，总结他们的安全经验和心得，在全体员工中发挥较好的示范引导作用。为进一步加强各基层部门安全工作，为确保安全创造一个良好工作环境，企业还可积极开展"班前作业提醒、班后事件分""每周安全活动""安全经验共享"等活动，通过各部门、各层次间开展、体验各车间安全经验，达成了"安全工作环环相扣，安全责任大家共担"的共识。

企业通过把安全文化理念装饰在环境中，渗透在制度里，体现在行动中，聚焦在安全文化楷模的形象上，逐步在企业内形成"人人事事想安全、时时处处保安全"的良好氛围。

第三节 如何进行安全教育

一、什么是新员工的三级安全教育

三级安全教育是指新入厂员工的厂级安全教育、车间级安全教育和岗位(工段、班组)安全教育,它是厂矿企业安全生产教育制度的基本形式。

三级安全教育制度是企业安全教育的基本教育制度。教育对象是新进厂员工,包括新调入的工人、干部、学徒工、临时工、合同工、季节工、代培人员和实习人员。

三级安全教育包括对新员工进行安全生产的入厂教育、车间教育、班组教育;对调换新工种,采取新技术、新工艺、新设备、新材料的员工,进行新岗位、新操作方法的安全卫生教育。受教育者,经考试合格后,方可上岗操作。

1. 厂级安全教育的主要内容

① 讲解劳动保护的意义、任务、内容和其重要性,使新入厂的员工树立起"安全第一"和"安全生产人人有责"的思想。

② 介绍企业的安全概况,包括企业安全工作发展史,企业生产特点,工厂设备分布情况(重点介绍接近要害部位、特殊设备的注意事项),工厂安全生产的组织。

③ 介绍国务院颁发的《全国职工守则》和企业职工奖惩条例以及企业内设置的各种警告标志和信号装置等。

④ 介绍企业典型事故案例和教训,抢险、救灾、救人常识以及工伤事故报告程序等。

厂级安全教育一般由企业安技部门负责进行,时间为4~16h。讲解应和看图片、参观劳动保护教育结合起来,并应发一本浅显易懂的规定手册。

2. 车间安全教育的主要内容

① 介绍车间的概况。如车间生产的产品、工艺流程及其特点,车间人员结构、安全生产组织状况及活动情况,车间危险区域、有毒有害工种情况,车间劳动保护方面的规章制度和对劳动保护用品的穿戴要求和注意事项,车间事故多发部位、原因、有什么特殊规定和安全要求,介绍车间常见事故和对典型事故案例的剖析,介绍车间安全生产中的好人好事,车间文明生产方面的具体做法和要求。

② 根据车间的特点介绍安全技术基础知识。如冷加工车间的特点是金属切削机床多、电气设备多、起重设备多、运输车辆多、各种油类多、生产人员多和生产

场地比较拥挤等。机床旋转速度快、力矩大，要教育工人遵守劳动纪律，穿戴好防护用品，小心衣服、发辫被卷进机器，手被旋转的刀具擦伤。要告诉员工在装夹、检查、拆卸、搬运工件特别是大件时，要防止碰伤、压伤、割伤；调整工夹具、刀具、测量工件、加油以及调整机床速度均须停车进行；擦车时要切断电源，并悬挂警告牌，清扫铁屑时不能用手拉，要用钩子钩；工作场地应保持整洁，道路畅通；装砂轮要恰当，附件要符合要求规格，砂轮表面和托架之间的空隙不可过大，操作时不要用力过猛，站立的位置应与砂轮保持一定的距离和角度，并戴好防护眼镜；加工超长、超高产品，应有安全防护措施等。其他如铸造、锻造和热处理车间、锅炉房、变配电站、危险品仓库、油库等，均应根据各自的特点，对新工人进行安全技术知识教育。

③ 介绍车间防火知识，包括防火的方针，车间易燃易爆品的情况，防火的要害部位及防火的特殊需要，消防用品放置地点，灭火器的性能、使用方法，车间消防组织情况，遇到火险如何处理等。

④ 组织新员工学习安全生产文件和安全操作规程制度，并应教育新工人尊敬师傅，听从指挥，安全生产。

车间安全教育由车间主任或安技人员负责，授课时间一般需要 4～8 课时。

3. 班组安全教育的主要内容

① 本班组的生产特点、作业环境、危险区域、设备状况、消防设施等。重点介绍高温、高压、易燃易爆、有毒有害、腐蚀、高空作业等方面可能导致发生事故的危险因素，交待本班组容易出事故的部位和典型事故案例的剖析。

② 讲解本工种的安全操作规程和岗位责任，重点讲思想上应时刻重视安全生产，自觉遵守安全操作规程，不违章作业；爱护和正确使用机器设备和工具；介绍各种安全活动以及作业环境的安全检查和交接班制度。告诉新员工出了事故或发现了事故隐患，应及时报告领导，采取措施。

③ 讲解如何正确使用爱护劳动保护用品和文明生产的要求。要强调机床转动时不准戴手套操作，高速切削要戴保护眼镜，女工进入车间戴好工帽，进入施工现场和登高作业，必须戴好安全帽、系好安全带，工作场地要整洁，道路要畅通，物件堆放要整齐等。

④ 实行安全操作示范。组织重视安全、技术熟练、富有经验的老员工进行安全操作示范，边示范、边讲解，重点讲安全操作要领，说明怎样操作是危险的，怎样操作是安全的，不遵守操作规程将会造成的严重后果。

班组安全教育的重点是岗位安全基础教育，主要由班组长和安全员负责教育。安全操作法和生产技能教育可由安全员、培训员或包教师傅传授，授课时间为 4～8

课时。

新员工只有经过三级安全教育并经逐级考核全部合格后，方可上岗。三级安全教育成绩应填入员工安全教育卡，用以存档备查。

二、班组安全培训有哪些具体内容

班组安全培训的重点是岗位安全基础培训，主要由班组长和安全员负责培训。安全操作法和生产技能培训可由安全员、培训员或包教师傅传授。

1. 班组概况

介绍本班组的概况和工作范围，本岗位、工种或其他对应岗位发生过的一些事故教训及预防措施。

2. 岗位情况

① 介绍本班组和岗位的作业环境、危险区域、设备状况、消防设备等。
② 讲解岗位使用的机械设备、工器具的性能，防护装置的作用和使用方法。
③ 讲解本工种安全操作规程和岗位责任及有关安全注意事项，使员工真正从思想上重视安全生产，自觉遵守安全操作规程，做到不违章作业，爱护和正确使用机器设备、工具等。

3. 规章制度

讲解员工安全生产责任制，本岗位、工种的作业标准，危险预知，习惯性违章及有关的安全生产规章制度。介绍班组安全活动内容及作业场所的安全检查和交接班制度。比如教育员工作业时遵守：

（1）上班作业，要做到"一想"、"二查"、"三严"。"一想"当天的生产作业中存在哪些安全问题，可能发生什么事故，怎样预防。"二查"工作中使用的机器、设备、工具、材料是否符合安全要求，上一道工序有无事故隐患，如何排除；检查本岗位操作是否会影响周围的人身和设备安全，如何防范。"三严"就是要严格按照安全要求、工艺规程进行操作，严格遵守劳动纪律，不搞与生产无关的活动；

（2）进入生产作业场所，必须按规定使用劳动防护用品。穿好工作服，戴好安全帽；严禁穿背心、短裤、裙子、高跟鞋等不符合安全要求的衣着上岗；在有毒有害物质场所操作，还应佩戴符合防护要求的面具等。

（3）保持工作场所的文明整洁。原材料、零件、工具、夹具应摆放得井井有条；及时清除通道上的油污、铁屑和其他杂物，保持通道畅通。

（4）凡挂有"严禁烟火"、"有电危险"、"有人工作切勿合闸"等危险警告标志的场所，或挂有安全色标的标记，都应严格按要求执行。严禁随意进入危险区域和乱动闸门、闸刀等设备。

4. 个人防护用品的正确使用和保管

（1）根据岗位作业性质、条件、劳动强度和防护器材性能与使用范围，正确选用防护用具种类、型号，经由安全部门同意后执行。

（2）严禁超出防护用品用具的防护范围代替使用。

（3）严禁使用失效或损坏的防护用品用具。

（4）安全带、安全网的正确处置如下。

① 由车间保管；

② 使用前要仔细检查，发现有异常现象，应停止使用；

③ 每年由安全部门统一组织一次强度试验。

（5）防电击用具的正确使用方法如下。

① 在使用和保管过程中要保证绝缘良好；

② 严禁使用绝缘不合格的防电击用具作业；

③ 要对防电击用具进行耐压试验。

5. 事故预防

事故预防包括预防事故的措施及发生事故后应采取的紧急措施、急救知识、报告制度和事故教训举例等。

要组织班组成员参加反事故演习，观看事故案例汇编和幻灯片、宣传画，提高班组成员分析、判断、处理事故的能力，同时从中吸取教训，做到警钟长鸣，防患于未然。

6. 岗位工作衔接安全

详细讲解岗位间的工作衔接和配合，重点强调安全注意事项。

7. 实际安全操作示范

重点讲解安全操作要领，边示范，边讲解，说明注意事项，并讲述哪些操作是危险的、是违反操作规程的，使学员懂得违章将会造成的严重后果。

8. 安全生产动态

一是本企业及本单位安全生产动态，二是其他企业的安全生产动态。

三、如何进行生产用电安全培训

生产用电安全是基层管理的一个很重要的内容，班组长应该认真培训教导员工安全用电知识和应急处理方法。

1. 用电制度

① 严禁随意拉设电线，严禁超负荷用电。
② 电气线路、设备安装工作应由持证电工负责。
③ 下班后，该关闭的电源应予以关闭。
④ 禁止私用电热棒、电炉等大功率电器。

2. 规范操作

① 检查应拉合的开关和刀闸。
② 检查开关和刀闸位置。
③ 检查接地线是否拆除，检查负荷分配。
④ 装拆接地线。
⑤ 安装或拆除控制回路或电压互感器回路的保险器，切换保护回路和检验是否确无电压。
⑥ 清洁、维护发电机及其附属设备时，必须切断发电机的"功能选择"开关，工作完毕后要及时恢复正常。
⑦ 在高压室内进行检修工作，至少有两人在一起工作，检测或检修电容和电缆前后应充分放电。

3. 事故处理

① 变压器预告信号动作时，应及时查明原因，并立即报告上级。
② 低压总开关跳闸时，应先把分开关拉开，检查无异常，试送总开关，再试送各分开关。
③ 油开关严重漏油时，应切断低压测负荷，才可进行掉闸。
④ 重瓦斯保护动作时，变压器应退出运行。
⑤ 电容开关自动跳闸时，应退出运行，检查后，确认无异常情况才能试送。

四、如何进行消防安全教育培训

1. 防火宣传教育

① 采用各种形式进行防火宣传和防火知识的教育，如创办消防知识宣传栏、开展知识竞赛等多种形式，以提高员工的消防意识和业务水平。
② 定期组织员工学习消防法规和各项规章制度，做到依法治火。
③ 对新员工和变换工种的员工，进行岗前消防培训，进行消防安全三级教育，经考试通过方能上岗位工作。
④ 针对岗位特点进行消防安全教育培训。对火灾危险性大的重点工种的工人

要进行专业性消防训练，一年进行一次严格考核。

⑤ 对发生火灾事故的单位与个人，按"三不放过"的原则，进行认真教育。

⑥ 对违章动火用电的单位和个人当场进行针对性的教育和处罚。

⑦ 各单位在周五安全活动中，要组织员工认真学习消防法规和消防知识。

⑧ 对消防设施维护保养和使用人员应实地演示和培训。

⑨ 对电工、木工、焊工、油漆工、锅炉工、仓库管理员等工种，除平时加强教育培训外，还应每年在班组进行一次消防安全教育。

⑩ 要对员工进行定期的消防宣传教育和轮训，使员工普遍掌握必要的消防知识，达到"三懂"、"三会"的标准要求。

什么是员工消防知识的"三懂"、"三会"？

"三懂"就是懂得本单位的火灾危险性，懂得基本的防火、灭火知识，懂得预防火灾事故的应对措施；"三会"就是会报警、会使用灭火器材、会扑灭初起火灾。

2. 火灾的预防知识

（1）控制和消除着火源。实际生产和生活中常见的火源有生产用火、火炉、干燥装置（如电热干燥器）、烟筒（如烟囱）、电气设备（如配电盘、变压器等）、高温物体、雷击、静电等。这些火源是引起易燃易爆物质着火爆炸的常见因素，控制这些火源的使用范围和与可燃物接触，对于防火防爆十分重要。通常采取的措施有隔离，控制温度，密封、润滑，接地，避雷，安装防爆灯具，设禁止烟火的标志等。

例如在日常生产中就要谨慎用火，不要在易燃易爆物品周围使用明火；要注意着火源与可燃物保持安全距离，灯具等易发热物品不能贴近窗帘、沙发，隔离木板等易燃物品，在配电盘下不许堆放棉絮、泡沫等易燃物品；要养成好的用火习惯，不乱扔火种烟蒂；易产生高温、发热的电气设备在使用过后要随手关闭电源，防止温度过高自燃；一些易产生静电的电气设备应采取接地和避雷设施；在油库、液化气库等易挥发危险物品的存储空间均应用防爆措施，避免电气设备在使用中产生的火花点燃危险物品而酿成火灾。

（2）控制可燃物和助燃物。根据不同情况采取不同应对措施。如在建筑装修用品的选择中，以难燃或不燃的材料代替易燃和可燃材料；用不燃建材代替木材造房屋；用防火涂料浸涂可燃材料，提高其耐火极限。

对化学危险物品的处理，要根据其不同性质采取相应的防火防爆措施。如黄磷、油纸等自燃物品要隔绝空气贮存；金属钠、金属钾、磷粉等遇湿易燃物品要防水防潮等。

（3）控制生产过程中的工艺参数。工业生产尤其是易燃易爆化学危险物品的生产，科学控制各种工艺参数，防止超温、超压和物料跑、冒、滴、漏，是防止火灾爆炸事故的根本措施。

防止超温采取除去反应热、防止搅拌中断、正确选择传热介质等；投料方面应严格把控投料速度、投料配比、投料顺序、原料纯度等。

（4）防止火热蔓延。对危险性较大的设备和装置，应采用分区隔离的方法；安装安全防火防爆设备，如安全液封、阻火器、单向阀、阻火阀门等。

3. 消防器具的使用与维护保养

班组常备的消防器具是灭火器。常见的灭火器有 MP 型、MPT 型、MF 型、MFT 型、MFB 型、MY 型、MYT 型、MT 型、MTT 型，这些字母它们所代表的意思是：

第一个字母 M 表示灭火器；第二个字母 F 表示干粉，P 表示泡沫，Y 表示卤代烷，T 表示二氧化碳；有第三个字母 T 的表示推车式，B 表示背负式，没有第三个字母的表示手提式。下面介绍几种灭火器的使用与维护保养知识。

（1）MP 型手提式化学泡沫灭火器。适用于扑救液体可可熔融固体燃烧的火灾，如石油制品、油脂等火灾，也适用于固体有机物质燃烧的火灾，如木材、棉织品等物质的火灾；但不能扑救由带电设备、可燃气体、轻金属、水溶性可燃、易燃液体引起的火灾。

① 使用方法。拉起手提筒体上部的提环，迅速跑到火场。应注意在奔跑过程中不得使灭火器过分倾斜，更不可颠倒，以免两种药剂混合而提前喷出。

当距离着火点 10m 左右，立即将筒体颠倒，一只手紧握提环，另一只手扶住筒体的底圈，让射流对准燃烧物。

在扑救可燃液体火灾时，如呈流淌状燃烧，则泡沫应由远向近喷射，使泡沫完全覆盖在燃烧液面上；如在容器内燃烧，应将泡沫射向容器内壁，使泡沫沿着内壁流淌，逐步覆盖着火液面。千万不要直接对准液面喷射，以免由于射流的冲击，反而将燃烧的液体冲散或冲出容器，扩大燃烧范围。

在扑救固体物质的初起火灾时，应将射流对准燃烧最外猛烈处。

灭火时，随着有效喷射距离的不断缩短，使用权者应逐渐向燃烧区靠近，并始终将泡沫溅射在燃烧物上，直至扑灭使用时始终保持倒置状态，否则将会中断喷射。

不可将筒底对着下巴或其他人，以免危及生命。

② 维护保养。存放时，不可靠近高温的地方，以防碳酸氢钠分解出二氧化碳而失效；严冬季节要采取保暖措施，以防冰冻。并应经常疏通喷嘴，使之保持畅通。最佳存放温度为 4～5℃。

使用期在 2 年以上的，每年应送请有关部门进行水压试验。合格后才能继续使用，并在灭火器上标明试验日期。每年要更换药剂，并注明换药时间。

（2）二氧化碳灭火器。适用于扑救 600V 以下的带电电器、贵重设备、图书资料、仪器仪表等场所的初起火灾，以及一般的液体火灾；不适用扑救轻金属火灾。

① 使用方法。灭火时只要把灭火器的喷筒对准火源，打开启闭阀，液态的二氧化碳立即气化，并在高压作用下，迅速喷出。

但应该注意二氧化碳是窒息性气体，是有害气体，在空气中二氧化碳含量达到8.5%，会使人呼吸困难，血压增高；二氧化碳含量达到20%～30%时，呼吸衰弱，精神不振，严重的可能因窒息而死亡。因此，在空气不流通的火场使用二氧化碳灭火器后，必须及时做好通风措施。在灭火时，要连续喷射，防止余烬复燃，不可颠倒使用；

二氧化碳是以液态存放在钢瓶内的，使用时液体迅速气化吸收本身的热量，使自身温度急剧下降到-78.5℃左右。利用它来冷却燃烧物质和冲淡燃烧区空气中的含氧量以达到灭火的效果。所以在使用中必须要戴上手套，且动作要迅速，以防止冻伤。如在室外，则不能逆风使用。

② 维护保养。二氧化碳灭火器应放置明显、取用方便的地方，不可放在采暖或加热设备附近和阳光强烈照射的地方，存放温度最好不要超过55℃。

定期检查灭火器钢瓶内二氧化碳的存量，如果重量减少十分之一时，应及时补充罐装。

在搬运过程中，应轻拿轻放，防止撞击。在寒冷季节使用二氧化碳灭火器时，阀门（开关）开启后，不得时启时闭，以防阀门冻结，影响使用。

灭火器每隔5年送请专业机构进行一次水压试验，并打上试验年、月的钢印。

4. 扑救初起火灾的简易方法

（1）隔断可燃物

① 将燃烧点附近可能成为火势蔓延的可燃物移走。

② 关闭有关阀门，切断流向燃烧点的可燃气和液体。

③ 打开有关阀门，将已经燃烧的容器或受到火势威胁的容器中的可燃物料通过管道送至安全地带。

④ 采用泥土、黄沙筑堤等方法，阻止流淌的可燃液体流向燃烧点。

（2）冷却。冷却的主要方法是喷水或喷射其他灭火剂。

① 本单位（地区）如有消防给水系统、消防车或泵，应使用这些设施灭火。

② 本单位如配有相应的灭火器，则使用这些灭火器灭火。

③ 如缺乏消防器材设施，则应使用简易工具，如水桶、面盆等传水灭火。如水源离火场较远，到场灭火人员又较多，则可将人员分成两组，采取接力式供水方法，即一组向火场传水，另一组将空容器传回取水点，以保证不间断地向火场浇水灭火。但必须注意：对忌水物资则切不可用水进行扑救。

（3）窒息

① 使用泡沫灭火器喷射泡沫覆盖燃烧物表面。

② 利用容器、设备的顶盖没燃烧区，如盖上油罐、油槽车、油池、油桶的顶盖。

③ 油锅着火时，要立即盖上锅盖。

④ 利用毯子、棉被、麻袋等浸湿后覆盖在燃烧物表面。

⑤ 用沙、土覆盖燃烧物。对忌水物质则必须采用干燥沙、土进行扑救。

（4）扑打。对小面积草地、灌木及其他因体可燃物燃烧，火势较小时，可用扫帚、树枝条、衣物扑打。但应注意，对容易飘浮的絮状粉尘等物质则不可用扑打方法灭火，以防着火的物质肆意飞扬，反而扩大灾情。

（5）断电

① 如发生电气火灾，火势威胁到电气线路、电气设备，或威胁到灭火人员安全时，首先要立即切断电源。

② 如使用一般的水、泡沫等灭火剂灭火，必须在切断电源以后进行。

（6）阻止火势蔓延

① 对密闭条件较好的小面积室内火灾，在未作好灭火准备前，先关闭门窗，以阻止新鲜空气进入，减少燃烧时间。

② 与着火建筑相毗连的房间，先关上相邻房门；可能条件下，还应再向门上浇水。

（7）防爆

① 将受到火势威胁的易燃易爆物质、压力容器、槽车等搬离和疏散到安全地区。

② 对受到火势威胁的压力容器、设备应立即停止向内输送物料，并将容器内物料设法导走。

③ 停止对压力容器加温，打开冷却系统阀门，立即对压力容器设备进行冷却。

④ 有手动放空泄压装置的，应立即打开有关阀门放空泄压。

五、如何进行工伤急救培训

在生产现场作业中，经常会有人员意外伤害情况的发生，作为班组长必须培训教导员工了解基本的工伤紧急救，把损失降到最低点。

1. 火伤急救

轻者用酒精涂抹于灼伤处，重者须用油类，如蓖麻油、橄榄油与苏打水混合，敷于其上外加软布包扎，如水泡过大，切勿切开，已破水的皮肤也不可剥去。

2. 皮肤创伤急救

① 止血。
② 清洁伤口，周围用温水或凉开水洗干净，轻伤只要涂2%的红汞水。
③ 重伤用干净纱布盖上，用绷带绑起来。

3. 触电急救

救护前应以非导体木棒等；将触电的人推离电线，切不可直接用手去拉，以免传电，然后解开衣纽，进行人工呼吸，并请医生诊治。局部触电，伤处应先用硼酸水洗净，贴上纱布防止二次感染。

4. 摔倒、中暑急救

将摔倒者平卧，胸衣解开，用冷水刺激面部，或用阿摩尼亚去臭。中暑者亦先松解衣服，移至阴凉通风处平躺，头部垫高，用冷湿布敷额胸，服用凉开水，呼吸微弱的可进行人工呼吸，醒后多饮清凉饮料，并及时送往医院诊治。

5. 手足骨折急救

① 为避免受伤部分移动，可先自制夹板固定住，最好用软质棉布托住伤处下部，长度足够及于两端关节所在，然后两边卷住手或脚，用布条或绷带绑紧。
② 如为骨碎破皮，可用消毒纱布盖住骨部伤处，用软质棉枕夹住，立即送医院。
③ 如是怀疑手或脚折断，便不让他（她）用手着力或用脚走路，夹板或绷带不能绑得太紧，让伤处有肿胀处留有余地。

第四节 如何进行安全生产管理

一、什么是不安全状态及不安全行为

班组长要做到安全生产，首先必须了解生产现场中什么是不安全状态，什么是不安全行为，以在工作中尽量规避和消除危险因素。

1. 不安全状态

不安全状态包括以下几种。

（1）物体本身的缺陷
① 设计不佳；
② 构成材料与工作欠佳；

③ 陈朽、疲劳、使用界限；
④ 故障、未修理；
⑤ 维护不良；
⑥ 其他。

（2）防护措施的缺陷
① 无防护；
② 防护不周；
③ 绝缘不佳；
④ 无遮蔽；
⑤ 其他。

（3）物体放置与作业场所的缺陷
① 未能确保走道的畅通；
② 作业场所的空间不够；
③ 机械、办公设备等的配置不当；
④ 物体配置失常；
⑤ 物体堆积法不当；
⑥ 物体放置失常；
⑦ 其他。

（4）保护器具、服装等的缺陷
① 未指定鞋类；
② 未指定防护用具；
③ 未指定服装；
④ 未禁止穿戴手套。

（5）作业环境不佳
① 空气调节器欠佳；
② 其他作业环境欠佳。

（6）自然的不安全状态
① 物体本身的欠佳（厂外）；
② 防护措施欠佳（厂外）；
③ 物体放置与作业场所欠佳；
④ 作业环境欠佳；
⑤ 交通方面的危险；
⑥ 自然的危险。

第十章　紧抓安全之弦，保证安全作业　169

2. 不安全行为

不安全行为包括以下几种。

(1) 作业方法的缺陷

① 机械、装置的使用不当；
② 工具的使用不当；
③ 作业程序错误；
④ 技术与肉体违反自然；
⑤ 没确认是否安全；
⑥ 其他。

(2) 安全装置与有害物抑制装置的失效

① 拆卸安全装置等，以致失效；
② 安全装置等调整错误；
③ 拆除其他防护物。

(3) 没有履行安全措施

① 没实行有关危险性、有害性的对应措施；
② 突然操作机械设备等；
③ 在未确认或信号指示之前就开车；
④ 未得信号指示之前，而移物或放离物；
⑤ 其他。

(4) 不安全的置放法

① 在发动机械装置之后，人离开；
② 机械装置的放法，形成不安全状态；
③ 放置工具、用具、材料之时形成不安全状态；
④ 其他。

(5) 造成危险或有害状态

① 货物装载负荷过大；
② 置各种危险物于一处；
③ 以不安全之物代替规定物；
④ 其他。

(6) 不按规定使用机械装置

① 使用有缺陷的机械设备；
② 机械设备、工具用具等的选用错误；
③ 没按规定方法使用机械设备；

④ 以危险的速度操作机械设备。

（7）清扫、加油、修理、检查正在运转中的机械设备
① 正在运转中的机械与装置；
② 通电中的电气装置；
③ 加压中的容器；
④ 加热中的物品；
⑤ 内装危险物者；
⑥ 其他。

（8）保护器具与服装的缺失
① 没有使用保护器具；
② 误选保护器具与使用方法；
③ 不安全的服装。

（9）接近其他危险有害区域
① 接近或接触正在运转中的机械装置；
② 接近、接触、或走在吊挂货物之下；
③ 步入危险有害区；
④ 接触或倚在易崩塌之物；
⑤ 立于不安全区域；
⑥ 其他。

（10）其他不安全行为
① 以手代替工具；
② 从大堆积物中间抽取若干；
③ 未经确认而从事的下列行为：
a. 以投掷的方式传递物品；
b. 车辆未停妥就上下车；
c. 不必要的奔跃；
d. 恶作剧或胡闹；
e. 其他。

二、现场文明生产的基本要求是什么

讲究文明生产是一件十分重要的事情，它是安全生产的基础。企业现场的文明生产，一般来说，其内容包括三个基本方面：文明的人，即文明的生产者和管理者；文明的管理；文明的环境，包括文明的现场、安全生产等。

这三个方面是相互联系，不可分割的。因为，只有文明的人，实现文明的管理，

创造文明的环境，才能实现文明的生产。现场是班组长的主要战场，因此，现场的布局和保持是班组长的重要工作。

1. 做文明的生产者和管理者

文明的生产者和管理者是指有理想，有职业道德，有文化知识，能够自觉遵守纪律的现代社会新型劳动者。想要成为文明的生产者和管理者，应具备以下三个条件。

① 具有强烈的事业心和高度的责任感，积极工作，具团队精神，密切协作，敢于同不文明的现象做斗争。

② 具有科学技术知识和科学管理知识，掌握本岗位工作"应知应会"的内容，具有完成本岗位工作的技能，能够尽职尽责。

③ 有良好的工作作风。

2. 实施文明的管理

文明的管理有两个方面的要求，一是管理的科学化；二是管理的民主化。

3. 创建和保持文明的现场环境

文明的现场，即指文明的作业环境。

① 严格地按照现场 5S 管理要求，保持现场整洁。

② 夜间生产，现场要有足够的照明。

③ 危险作业区，要有可靠的防护设施和明显的警戒标志。

④ 消除作业现场的粉尘、噪声，防止污染和作业区的相互干扰。

⑤ 为生产作业提供安全、有序、整洁的作业环境。

三、如何进行安全规范管理

1. 班组安全管理要点

班组是企业的最基层组织、最基础的细胞，同时也是企业安全管理的出发点和落脚点。作为企业安全管理的前沿阵地，班组长安全管理工作应做到下面几点：

（1）认识到位。班组安全管理工作搞得好不好，直接影响到企业的整个安全管理大局，班组长要放开手脚，大胆管理，把安全工作做细做好做实。

（2）落实责任人。班组安全管理应落实责任人。班组长作为一班之长应是本班组的第一责任人。班组安全员应协助班长具体抓好班组安全工作，成为班组安全管理的骨干，每个班员都应承担起岗位上的安全生产责任。

（3）建立健全安全生产管理制度。班组应针对自身生产特点建立健全安全生产管理制度，用制度来约束、规范班组成员的行为，确保班组生产安全。

（4）重视培训。抓好安全培训，提高班组人员的安全生产意识，使班员自觉、主动地参与班组安全管理。

（5）细致检查。作为班组长和安全员，在生产中要认真履行职责，在班前要督促班员严格穿戴好劳保用品；在班中要进行仔细的安全巡检，制止和纠正各种违章现象，及时发现隐患并提出整改措施及时整改；在班后要细致检查设备、水、电、气开关、阀门、门窗，确保设备的安全。

（6）活用"公示栏"。班组应设置公示栏，对企业的重要决策、方针政策、绩效考核、完成任务情况、奖金分配等敏感性话题进行公示。让员工及时了解信息，上、下得到沟通。

（7）及时整改。在班组安全管理上，最可怕的是对隐患视而不见，见而不改。要坚决摒弃以上陋习，不论是上级检查，还是班组自己检查，都应及时整改。

（8）实施激励。激励分为正激励和负激励，一般来讲都以正激励为主。形成鼓励先进，鞭策后进，你追我赶，比、学、赶、帮、超的好局面。

（9）严格考核。

2. 班组安全规范管理

班组安全管理包括班组安全组织管理、班组安全培训管理、班组安全检查管理、班组安全生产管理、班组班前会管理等方面。班组长作为班组安全第一责任人，负责在本班组推行安全规范化管理。

（1）安全组织。班组长是班组安全工作的第一责任人，对本班组的安全工作负全面责任。

班组必须设一名兼职安全员，主要是协助班组长全面开展班组的安全管理工作。安全员不在时，班组长必须明确代管人员。班组长不在时，安全员有权安排班组有关人员处理与安全有关的工作。

班组分散作业时，每摊工作的负责人即为安全负责人。

（2）安全培训。

① 新技术、新工艺、新材料、新设备使用前，组织员工进行有针对性的安全培训和考试。

② 新员工、换岗员工上岗前必须经过由班组长或班组安全员组织的班组级安全培训，经考试合格后方可上岗。

③ 对休假7天以上（重点工位），工伤休假复工人员，已（未）遂事故责任者、违章违纪人员必须进行安全培训，经考试合格后方可重新上岗。

④ 规定班组安全培训有效时间，培训后须进行考试，不及格者要重新考试，经考试合格后方可上岗操作。培训内容，考试分数要记录在班组安全活动台账上。

⑤ 对受安全培训后考试合格后的人员，班组长或安全员必须检查培训效果，一周以后要重新复查。

(3) 安全检查。班组长要组织班组员工进行班前、班中和交班检查。

① 班前检查可结合交班检查进行，对机器设备、安全设施、安全装置、工器具、危险源点、现场环境、人员精神状态、劳保穿戴等进行检查和交接，有问题要交接清楚并做好记录。

② 班中要对设备动态、危险源点、人员状况等进行检查，重点是安全装置完好情况及设备是否有不正常现象。

③ 班组所辖区域应根据具体情况，本着事事有人管，人人有事管和便于工作的原则，划分责任到每个人，充分发挥集体的力量。

④ 各岗位在班前要对所管区域、所用设备、使用工具等进行检查确认，包机（车）人要对所包设备进行重点检查确认。

⑤ 长期闲置不用的设备，使用前应全面检查，经检查确认合格后方可使用。

⑥ 班组长或安全员要认真检查各岗位执行安全规章制度，检查各岗位查出的问题的整改及上报、记录情况，以及不能及时整改是否采取有效的临时安全防护措施。

(4) 安全生产

① 班组内的机器设备、工具、车辆及工作现场等必须做到无隐患，安全防护装置，设施齐全可靠，严禁设备带病作业。

② 上岗前必须按规定穿戴好劳动保护用品，杜绝疲劳作业。

③ 班组内每项操作，每个员工都能认真执行岗位作业标准和各项安全规章制度，无违规操作，无"三违"现象。

④ 特种作业人员从事相关操作，必须持证上岗，不得安排无证人员从事特种作业。

⑤ 班组要严格执行事故"四不放过"、"安全确认"、隐患整改"三定三不准"以及交接班等各项制度。

⑥ 新上岗员工（含换新工种人员）必须明确专人监护，负责其安全工作，在监护期间不得独立操作，安全监护期不少于1个月。

⑦ 凡有危险源点的班组，必须在醒目的危险源点警示标志，每个员工对本岗位的危险源点及控制措施和应急预案达到熟知会用。

(5) 班前会

① 班组班前会必须结合当日的具体生产（检修）任务特点及工作环境，按照要求详细布置当班的安全工作。

② 根据每一时期的思想倾向和季节变化，讲解安全注意事项。

③ 传达上级有关安全生产指示和事故案例教训。

④ 班前会安全讲话情况要及时，详细地记录在班前会记录本中。

（6）安全活动

班组每周必须固定一天为安全活动日，开展安全活动。总结和分析一周工作中的安全状况，并对照《安规》逐条检查自己在安全工作中的漏洞和不足。安全活动由班组长主持。

每次安全活动要做到如下内容。

① 内容丰富：总结上周安全工作，并对班组各岗位进行安全讲评，研究布置下周安全工作；学习作业标准，学习规章制度、开展危险预知活动、检查隐患、分析学习事故案例，学习安全周报、总结安全工作和经验，开展安全培训和考试内容。

② 人员齐全：参加活动人员必须发言，缺席人员要由班组长及时补课，对无故不参加活动的人员要严格考核。

③ 时间充足：具体时间企业自定。

④ 记录翔实：应记录活动时间、参加人员（缺席人员）、主持人、活动主题内容、个人发言等。

四、如何消除与改善安全隐患

1. 预防安全隐患

① 设定工作计划，并加以实施。

② 决定作业程序（包括异常时的措施标准）。

③ 分配作业。

④ 依作业程序，实施作业者的安全培训。

⑤ 命令、指示作业者，事前与之磋商。

⑥ 促进设备的安全化并维护。

⑦ 促进环境的安全化并维护。

⑧ 实行作业前的检验工作。

⑨ 提高作业者的安全卫生观念，促其遵守安全规则及作业程序。

2. 发现安全隐患

① 分析、评价作业计划的实施状况。

② 择定应改善的作业，并分析其作业法。

③ 检讨作业程序。

④ 知悉作业人员身心的缺陷。有关性向测验、健康诊断、体力测定等资料，可自作业人员本人或人事调查表等处获得。

⑤ 检验巡视工作现场，借以发现不安全状态、行动或异常事态。
⑥ 依灾害统计与事例，分析灾害规律。
⑦ 确认安全对策是否得以正确施行。

3. 消除、改善安全隐患

① 分析评价实施成果，并作适度的处理。
② 改善作业方法。
③ 检查作业程序，依其结果修正。
④ 依性向测验、健康检查等的结果，或作业人员个人的申述而加以处理。
⑤ 更换作业人员的配置，令其远离危险或有害的业务。
⑥ 实行作业者再教育，纠正不安全的行为。
⑦ 加强作业中的监督指导，并改善其不安全行为。必要时，可彻底推行保证器具的使用运动。
⑧ 就工作场所的检视结果，改善各种不安全状态，或者是针对有害要因的设施，实施防护、隔离、或遥控操作等等。

4. 落实班组安全检查工作

① 工作前检查个人防护用品是否合格，工作中是否正确使用。
② 定期检查班组安全用器具是否符合要求，并保证安全用具完好，发现缺陷及时更换。
③ 发现班组成员（包括班组长）工作过程中的违章作业和违章指挥行为，及时制止或纠正过来。
④ 现场工作时要严格把关，检查到位，要加强监护并及时提醒作业人员注意安全事项。
⑤ 经常检查本班组所管辖的设备以及现场设施的安全状况，要善于发现各类事故隐患并协助班组长及时采取保证安全的防范措施。
⑥ 检查班组安全活动中提出的要求及措施完成情况，以及遗留的问题是否能及时解决。

五、如何进行安全作业改善

（1）具体充分的问题意识，时常检讨目前的作业方法，积极掌握其危险与有害要因。
（2）改善作业方法时，应多征求实地操作者的意见，在其协助下进行改善。
（3）积极学习改善作业的方法。
① 分解作业；

② 依各微细动作自省；
③ 展开新方法，宜着眼于消除重组、组合、简化等各项；
④ 实施新方法。

（4）指导作业者，直至能完全实施改善后的作业法为止，改善时，应多留意下列的作业。

① 具有危险性或有害性的作业；
② 灾害较频繁的作业；
③ 安全卫生尤需留意的作业如下。

a. 超乎作业员能力的作业；
b. 姿势勉强的作业；
c. 需长时间保持警觉的作业。

参 考 文 献

[1] 杨剑. 优秀班组长人员管理. 北京：中国纺织出版社，2012.
[2] 聂云楚. 杰出班组长. 深圳：海天出版社，2002.
[3] 肖智军，党新民. 现场管理实务. 广州：广东经济出版社，2001.
[4] 宋维同. 制造业班组长训练课程. 北京：中国经济出版社，2004.
[5] 王铎，肖彬. 生产运作规范化管理文案. 北京：经济科学出版社，2005.
[6] 陈仲华，李景元. 现代企业现场管理运作实务. 北京：中国经济出版社，2003.
[7] 柳萍，张屹. 生产计划与管理运筹. 广州：广东经济出版社，2003.
[8] 潘林岭. 新现场管理实战. 广州：广东经济出版社，2003.
[9] 韩展初. 现场管理实务. 厦门：厦门大学出版社，2002.
[10] 李广泰. 生产现场管控. 深圳：海天出版社，2005.
[11] 李景元. 现代企业现场管理. 北京：企业管理出版社，2001.
[12] 李永华，雷镇鸿. 最新工厂管理实务. 深圳：海天出版社，2002.
[13] 朱少军. 现场管理简单讲. 广州：广东经济出版社，2005.
[14] 杨剑. 优秀班组长工作手册. 北京：中国纺织出版社，2006.
[15] 杨剑. 班组长人员管理精要. 北京：中国纺织出版社，2006.
[16] 宋维同. 制作业班组长训练课程. 北京：中国经济出版社，2004.
[17] 邱绍军. 现场管理36招. 杭州：浙江大学出版社，2006.
[18] 曾明彬. 金牌班组. 广州：广东经济出版社，2008.
[19] 张亚琦. 基层班组长手册. 北京：中国商业出版社，2005.
[20] 任国友. 如何当好班组长. 北京：化学工业出版社，2007.
[21] 水藏玺，王波. 金牌班组长团队管理. 广州：广东经济出版社，2009.